KB152447

핀란드를 게임 강국으로 만든

게임 기획자들

THE GAME DESIGNER CONFESSIONS

Original text copyright ⓒ by Konsta Klemetti and Harro Grönberg, 2019

Korean edition is published by arrangement with **Konsta Klemetti and Harro Grönberg and Elina Ahlback Literary Agency,** Helisinki, Finland through Danny Hong Agency, Seoul
Korean translation ⓒ 2019 by Turning Point

이 책의 한국어판 저작권은 대니홍 에이전시를 통한 저작권사와의 독점 계약으로 터닝포인트에 있습니다.
저작권법에 의해 한국 내에서 보호를 받는 저작물이므로 무단 전재와 복제를 금합니다.

핀란드를 게임 강국으로 만든

게임 기획자들

2019년 8월 12일 초판 1쇄 인쇄
2019년 8월 19일 초판 1쇄 발행

지은이 꼰쓰따 끌레메띠, 하로 그뢴베리
옮긴이 이헌석, 김빛나
감수 조광현

펴낸이 정상석
책임 편집 엄진영
마케팅 정상석
디자인 김보라
펴낸 곳 터닝포인트(www.diytp.com)
등록번호 제2005-000285호

주소 (03991) 서울시 마포구 동교로27길 53 지남빌딩 308호
전화 (02) 332-7646
팩스 (02) 3142-7646
ISBN 979-11-6134-054-8 (13000)
정가 15,000원

내용 및 집필 문의 diamat@naver.com

이 도서의 국립중앙도서관 출판예정도서목록(CIP)은 서지정보유통지원시스템 홈페이지(http://seoji.nl.go.kr)와
국가자료공동목록시스템(http://www.nl.go.kr/kolisnet)에서 이용하실 수 있습니다.
(CIP제어번호: CIP2019028735)

핀란드를 게임 강국으로 만든

게임 기획자들

맥스 페인, 붐 비치, 앵그리 버드, 클래시 오브 클랜까지

꼰쓰따 끌레메띠, 하로 그뤤베리 지음 | 이현석, 김빛나 옮김 | 조광현 감수

터닝
포인트

Best Fiends © Seriously Digital Entertainment

Contents

Introduction

2017년의 맑고 화창한 가을, 필자는 핀란드의 오케스트라 지휘자들에 대해 많이 생각해보았습니다. 그들은 세계적으로 유명하며 높이 평가받고 있습니다. 커다란 러시아와 트렌디한 대중문화의 강국인 스웨덴 사이에 끼어있는 상대적으로 작은 나라 핀란드가 어떻게 해서 수십년 동안 수많은 뛰어난 오케스트라 지휘자들을 배출할 수 있었는지에 대해 많은 얘기들이 있었습니다.

핀란드가 상대적으로 작은 나라임에도 불구하고 교향악을 주도하고 있는 이유는 무엇일까요? 어떤 사람은 핀란드의 자연 환경에 대해 이야기합니다. 또 어떤 사람들은 핀란드가 60년대부터 수행해온 음악 교육 시스템 덕분이라고 말합니다.

그리고 타의 추종을 불허하는 랠리 드라이버와 포뮬라 1 스타들이 있습니다. 변덕스럽고 때로는 위험한 기상조건 하에서 시속 수백킬로미터로 차를 질주하고 극한으로 몰고 가면서도 핀란드인을 태평하게 있을 수 있게 만드는 마법은 무엇일까? 필자는 정말 모르겠습니다.

그리고 세계적으로 유명한 핀란드 디자인은 어떤가요? 1930년대에 알바 알토(Alvar Aalto), 티모 사르파네바(Timo Sarpaneva), 카이 프랑크(Kaj Franck) 같은 사람들이 아방가르드 미니멀리즘을 선언함으로써 국가 전체의 이미지는 말할 것도 없고, 산업에 혁명을 일으켰습니다. 디자인의 민주화는 그들의 사고에 있어서 필수적인 역할을 했습니다. 누군가 디자인을 소유할 수 있었다면 누가 이렇게 할 수 있었을까요?

이것이 필자로 하여금 비디오 게임에 대해 생각하도록 이끌었습니다. 2018년의 비디오 게임은 음악과 영화 산업을 합친 것보다 더 큰 규모의 산업으로, 전세계 수십억 명의 생활에 영향을 끼치고 있습니다. 산업으로서의 비디오 게임의 역사는 그리 길지 않습니다. 1972년에 처음으로 상업적 성공을 거둔 게임인 퐁(Pong, 최초의 아케이드 비디오 게임이자 최초의 스포츠 아케이드 비디오 게임 중 하나로 단순한 2차원 그래픽을 이용한 탁구 스포츠 게임)이 출시되었고, 80년대부터는 비디오 게임의 황금기가 시작되었습니다. 이 중 핀란드인의 재능으로 만들어진 것은 많지 않았습니다. 하지만 2000년대에 들어서 많은 것이 바뀌었습니다. 500만 명의 완고하고, 냉담하며, 대담하면서 또 휴대폰을 사랑하는 사람들이 사는 핀란드는 하룻밤 사이에 게임 산업계의 초강대국이 되었습니다.

노키아의 유비쿼터스 스네이크(Snake, 노키아가 휴대전화 단말기에 스네이크 게임을 내장해 크게 성공), 마약 조직을 추격하는 맥스 페인(Max Payne), 소셜 커뮤니티 게임 하보 호텔(Habbo Hotel), 격렬한 레이싱 게임인 랠리 트로피(Rally Trophy), 전세계적으로 엄청난 수익을 거둬들인 슈퍼셀의 클래시 오브 클랜(Clash of Clans), 클래시 로얄(Clash Royale), 붐 비치(Boom Beach), 가장 많은 다운로드를 기록한 앵그리 버드(Angry Birds) 등의 사례로부터 핀란드의 게임 기획자는 단순한 우연으로는 치부할 수 없는 명백한 최고임을 입증하고 있습니다.

마케팅도 어느 정도 중요합니다. 물론 운도 따라줘야겠지요. 아마 항해하는 내내 순풍을 만나거나 혹은 별들이 일렬로 정렬되는 수준의 행운일 수도 있습니다. 그러나 생각해보면, 모든 것이 게임 기획으로 귀결됩니다. 이 모든 게임들은 그들의 기획과 DNA에 전세계의 플레이어들을 사로잡고 중독시킬만한 무언가를 가지고 있음이 틀림없습니다.

필자는 그것이 무엇인지 알고 싶었습니다. 필자의 동료인 하로 그뢴베리(Harro Grönberg)에게 이 아이디어를 공유했을 때, 우리는 곧 시장에 현대의 게임 기획자들이 매일같이 접하는 도전과 통찰에 대해 다룬 대담집이 없다는 것을 깨달았습니다. 우리는 그들로부터 앞으로 만들어질 많은 게임에서 영감이 될 수 있는 정제된 지혜의 정수를 얻어낼 방법을 찾기 위한 여정을 시작했습니다. 이것은 아마도 앞으로의 10년동안 게이머를 더 많이 끌어들이기 위해 필요한 대략적인 규칙들이 되어줄 것입니다.

이 책의 인터뷰가 여러분께 즐거움와 영감을 주기를 바랍니다. 또한 게임 기획자의 사고방식을 통해, 생각하고 표현하는 새로운 방법을 제공할 수 있기를 바랍니다. 우리는 이미 이 인터뷰를 통해 끊임없이 진화하는 게임 제작 환경 안에서 훌륭한 통찰력과 기억에 남을만한 순간들 그리고 아이디어에 자극을 받았습니다.

2018년 9월 15일 헬싱키에서
꼰쓰따 끌레메띠(Konsta Klemetti)

ITEM BOX

- FREE
- LIMITED

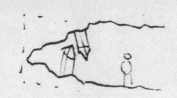

LEVEL CONTENT RANDOMIZATION

- DEFINE AREAS OF THE SAME SIZE
- AT LEVEL START, RANDOMLY SHUFFLE THE AREAS AROUND.

FUCK!

← TUNNELED FROM HERE

TUNNEL INTO FROM SIDE/BELOW AND THE WATER POPS

BARTLE

ACHIEVERS - 100% COMPLETION, BEST SCORE

EXPLORERS - DIG AROUND AROUND, BACK STORY, LORE TRIVIA GAME?

SOCIALIZERS - GAME EXPERIENCE THEY CAN TALK AND SHARE WITH OTHER PEOPLE - POPULAR GAMES

KILLERS - EXPLOSIVES, DESTRUCTION

RES IN
OCZ

California Gold Rush sketches by Reko Ukko

Prologue

우리는 모두 게임이 사람에 의해 플레이된다는 것을 알고 있습니다. 앵그리 버드, 캔디 크러시 사가 등 2000년대와 2010년대 유명한 게임들의 유저들에는 온갖 사람들이 다 있습니다. 각각의 연령대, 성별, 경제적 여건, 교육 수준, 문화적 배경 그리고 다른 가치관을 가진 사람들이 서로 관심사나 취미 또한 제각각입니다. 그렇기 때문에 디지털 세상에서는 다양한 사람들을 만날 수 있습니다.

현대와 같은 게임의 시대에 아마도 우리 대부분은 게임의 역사가 스페이스워(Spacewar), 테니스 포 투(Tennis for Two, 미국의 물리학자 윌리엄 히긴보덤이 오실로스코프 상에서 개발한 게임)와 같이 컴퓨터의 역사와 어깨를 나란히 하는 것이라고 생각하고 있을지도 모릅니다. 혹은 상업적 게임의 시 작은 퐁(Pong)이 등장했던 1970년대나 1980년대의 팩맨(Pac-Man) 정도일 거라고 생각할 수도 있 습니다.

우리가 아는 핀란드의 첫 번째 상업 게임은 1979년에 발매된 체스 게임인 체스맥(Chesmac)이었습 니다. 이는 우리에게 게임의 연속성을 상기시켜줍니다. 게임과 놀이의 역사는 체스 자체가 생겨난 수백년 전, 세네트(Senet, 고대 이집트에서부터 비롯된 보드게임의 일종)와 같은 놀이기구가 발견된 기원 전 3100년까지도 거슬러 올라갑니다. 핀란드의 게임 역사는 체스맥으로 시작되지 않았습니다. 우리가 알고 있는 핀란드의 독립 이후 가장 오래된 보드게임 중 하나는 1918년 크리스마스 마켓에서 판매된 것이었습니다. 게임은 근대의 발명품이 아닙니다.

그러나 이런 시청각 판타지 세계에 발을 들여놓는 것이 오늘날만큼 쉬운 적은 없었습니다. 우리는 집에서 컴퓨터나 TV에 연결된 콘솔로 게임을 하고, 콘솔이 업데이트되기를 기다리는 동안 휴대전화 로 게임을 하며, 여행을 떠날 때에도 각자 좋아하는 게임을 플레이하기 위해 소형 게임기를 휴대할 수 있습니다. 많은 사람들이 전용 게임기가 아닌 스마트폰으로 장시간 동안 게임을 즐기고 있고, 이 것은 무언가 기다려야 하는 상황이나 오랫동안 만나지 않던 사람들과의 관계에 있어서 활기가 되어 줍니다. 어떤 이들은 복권, 축구, 아이스하키나 혹은 신문 뒤에 있는 십자말 퍼즐을 즐깁니다. 게임 문 화에서 근대의 기술은 필수적인 요소는 아니라는 것이죠. 게임의 형태는 아주 다양합니다.

우리가 인기 있는 TV 시리즈, 영화, 책 그리고 날씨나 성지에 대해 발할 수 있는 것과 마찬가지도 게임은 대화의 주제가 될 수 있고, 학교에서는 게임을 했던 경험이 친구들과의 관계에 중요한 역할을 할 수도 있습니다. 게임은 세대와 인종, 민족을 뛰어 넘어 사람들을 연결해줍니다. 디지털 게임을 즐기든, 아날로그 게임을 즐기든, 집 안에서 즐기든, 여행을 하며 즐기든, 혼자든, 함께든 간에 우리는 모두 게임을 합니다.

우리 모두가 게임을 만드는 것은 아닙니다. 게임 제작은 우리가 받는 일반적인 교육에 포함되어 있지도 않고 글쓰기나 그림과 같은 다른 창조적인 기술들과 동등하게 취급받지도 않습니다. 게임 플레이어로서 우리는 우리가 좋아하는 디지털 예술의 특징이나 불만거리에 대해 열띤 토론을 벌이기도 하고 때때로 우리의 생각과 아이디어를 제작사에 전달하기도 합니다. 게임 기획을 담당할 수 있는 기회가 주어지면 어떻게 다르게 행동할지 상상하는 것은 쉬운 일입니다. 게임을 만드는 과정은 대게 우리에게는 알려지지 않거나 혹은 언론에서 우리 소비자들에게 상품을 팔기 위한 목적의 주제로만 다루어집니다. 게임 제작자들의 현실은 완전히 부각되지 않고 있으며 우리는 단지 가장 흥미롭고 돈벌이가 되는 이야기에 대해서만 듣고 있습니다.

우리가 게임 제작자들의 생각과 프로세스를 모른다면 게임도 완전히 이해하지는 못합니다. 디지털 게임을 개발하는 과정에는 최종 산출물에서는 알 수 없는 많은 일들이 있습니다. 많은 게임들이 개발 기간 동안 다양한 변화를 거치며 이 산출물은 자원과 시간 등의 특정한 제약 조건을 고려했을 때 최선의 결과물입니다. 개발 과정에서 직면하는 다양한 문제들을 고려해보면 게임이 출시되는 것은 기적처럼 느껴질 수도 있습니다. 본문에 나오는 해리 크루거(Harry Krueger)의 인터뷰에서 볼 수 있듯이, 게임을 만드는 과정은 반복적으로 이루어집니다. 단순한 게임 아이디어를 상상한 대로 구현할 수 없거나 비효율적인 부분을 개선하지 않는다면 그다지 가치가 없습니다.

게임 개발자로서 여러분은 플레이어와 같지 않으며, 이런 반복적인 개발 과정에 대상 유저를 포함시키지 않는다면 게임이 어떤 경험을 주는지 미리 예측하기 어려울 수도 있습니다. 근래에는 보다 일찍 팬들을 사로잡기 위한 방법들과 플레이어를 이해하기 위한 도구들이 많이 있습니다. 온라인 게임에서 개발자들은 실시간으로 플레이어들의 행동 데이터를 수집하고 특정 기능이 플레이어들에게 적합한지를 판단할 수 있습니다. 그러나 또우꼬 따흐꼬깔리오(Touko Tahkokallio)가 인터뷰에서 말한 것처럼 데이터 수집이 전부는 아닙니다. 여러분은 게임 제작에서 예술적이고 인간적인 과정을 배제할 수는 없습니다. 게임은 여전히 사람이 만드는 것입니다.

그것은 게임 개발이나 개발자가 되는 일에 있어서 팀워크가 강조되는 이유 중 하나입니다. 여러분은 다른 사람과의 협업에 능숙해야 합니다. 그리고 게임 개발 팀에는 언제나 다른 배경을 가진 사람들이 있습니다. 어떤 사람들은 비주얼에, 어떤 사람들은 사운드에, 또 어떤 사람들은 시스템에, 또다른 누군가는 사용자를 사로잡는 것 등에 매료됩니다. 이것들은 그들이 게임 제작을 위한 그래픽디자인, 기획, 프로그래밍이나 다른 전문적인 일들에 뛰어들게 만드는 동기들입니다.

이러한 여러 전문가 집단에서는 기획의 문제가 기존 레이어 위에 다른 레이어를 추가함으로써 해결될 수도 있습니다. 그러나 이 책을 통해 많은 사람들이 말하듯이 진정 중요한 기술은 결정을 내리는 것입니다. 어떻게 하면 이것들을 더욱 우아하고 효율적이며 단순하게 만들 수 있을까?
이는 곧 안띠 일베쓰쑤오(Antti Ilvessuo)의 인터뷰에 나타난 것처럼 게임 개발자가 언뜻 멋지게 보일 수 있지만 지나치게 과한 것들을 버려야 한다는 것을 의미합니다. 이런 것들을 놓아주는 일은 게임 제작에 있어 가장 어려운 부분 중 하나이며, 보다 큰 그림을 그려야 하는 전체적인 과정은 이러한 결정들로 가득합니다. 핀란드의 게임 개발자들은 상당수가 모바일 게임에 대한 경험을 가지고 있거나 데모신으로 단련되었기 때문에 단순한 기획의 우아함이라는 면에서 매우 성공적이었습니다.

그들이 게임 산업에서 대성공을 얻을 수 있던 데에는 핀란드의 환경에 관한 무언가가 있을 것이라고 말합니다. 그러나 사실상 성공의 핵심은 잘 유지관리된 공동체입니다. 그리고 게임 제작 과정에 대해 설명하고 전달하기 위해서 기획자와 프로젝트를 창의적으로 이끄는 일들을 주목받게 하는 것도 중요합니다. 그들은 이 모든 일을 혼자서 해낸 것이 아닙니다. 이 인터뷰에 참여한 모든 사람들이 숙련되고 의욕적인 사람들에게 둘러싸여 있습니다. 그리고 이 팀들은 재능을 연결해주고 조직화해 주는 중재자들의 더 큰 생태계 안에서 형성되었습니다. 이것은 사회적으로 무뚝뚝한 정체성을 가지고 있으면서 창의적인 일에 열정적인 핀란드인이라는 커다란 공동체입니다. 이들은 북유럽의 약자라는 고정관념에도 불구하고 서로 지식을 공유하고 돕는 공동체를 만들었습니다.

이러한 공동체가 없었다면 여러분은 이 고백들을 읽을 수 없었을 것입니다.

알토 대학의 안나까이싸 꿀띠마(Annakaisa Kultima) 박사

JAAKKO IISALO

야꼬 이쌀로 (JAAKKO IISALO)

출생　　1978년
현재　　Masumasu Games 대표
대표작　앵그리 버드, 앵그리 버드 시즌, 앵그리 버드 리오, 앵그리 버드 스페이스, 앵그리 버드 스타 워즈

★　★　★

헬싱키에 거주하고 있는 야꼬 이쌀로는 현대에 가장 널리 알려진 게임인 앵그리 버드(2009)의 주역입니다. 이 게임은 수많은 찬사를 받았으며 전 세계적으로 40억회의 다운로드를 기록해 개발사인 로비오(Rovio)를 모바일 게임 회사에서 비타민, 장난감, 의류 그리고 심지어 영화에 이르기까지 앵그리 버드 관련 상품들의 저작권을 컨트롤하는 브랜드 하우스로 발전시켰습니다.

이쌀로는 1990년대 초에 그가 가입한 피니쉬 데모신(Finnish demoscene, 프로그래밍이 주가 되는 일종의 미디어 아트)이 키워냈습니다. 그는 원래 예술가가 되고 싶었지만 별다른 재능이 없다고 느끼면서 음악을 만들고 프로그래밍을 하는 것에 끌리기 시작했습니다. 그는 무언가 만들고 싶었고, 다른 사람들을 끌어들이지 않고 스스로 만들어내는 방법을 배웠습니다.

2000년대 초 핀란드의 게임 스튜디오인 하우스마퀴(Housemarque)에서 몇 가지 프로젝트를 수행했고 헬싱키 대학에서 프로그래밍을 공부했습니다. 2004년까지 모바일 서비스 제공 업체인 포넥타(Fonecta)에서 그래픽 디자이너로 일을 했으며 2004년에 주로 노키아 휴대폰에 탑재되는 자바 게임을 만들던 Rovio로부터 연락을 받았습니다.

게임 아티스트로 일하던 그는 2007년에 게임 기획으로 전향했고 바운스 대시(Bounce Dash)와 소행성 슈팅 게임 같은 Rovio의 초기 게임들의 기획에 참여했습니다. 2009년에는 자신만의 게임을 기획할 기회를 얻게 되었고 그때부터 그의 마음속에서는 새들이 날아다니기 시작했습니다. 그는 다음과 같은 앵그리 버드의 초반 5개 타이틀에 기획자로 참여했습니다 : 앵그리 버드(2009), 앵그리 버드 시즌(2010), 앵그리 버드 리오(2011), 앵그리 버드 스페이스(2012), 앵그리 버드 스타 워즈(2012)

© Rovio. All Rights Reserved

게임 기획의 길

우연히 시작하게 되었어요. 저는 1990년대 초에 Finnish demoscene에 참여한 적이 있습니다. 항상 무언가를 행동에 옮기는 것을 좋아했는데 90년대에 실행해 옮긴 일중 하나였습니다. 1996년에는 멀티채널 음악 경연에서 우승했습니다. 그러나 저는 정말 데모를 만들고 싶었어요. 모든 것을 혼자 배워야 했습니다. 프로그래밍을 시작했고 그래픽을 만드는 연습을 했어요. 그 중에 몇몇은 저 혼자 했고 몇몇은 다른 사람들과 함께 했습니다.

또 저는 어렸을때부터 닌텐도의 광팬이었어요. 초등학생 때에는 "닌텐도 야꼬(Nintendo Jaakko)"라고 불릴 정도였죠. 수많은 슈퍼 마리오와 데모신(demoscene)을 적당히 섞은 칵테일이 바로 여기 있는 셈이죠.

모바일과 관련한 첫 직업은 1999년에 Iobox라는 회사에서 휴대전화 아이콘을 디자인하는 것이었습니다. 직책명은 "크리에이티브 모바일 아티스트"였어요. 2001년에는 프리랜서로 일하면서 헬싱키 대학에서 프로그래밍을 공부했습니다. 이후 Housemarque에서 얼마간 일했고 몇몇 모바일 겜블링 프로젝트에 참여했습니다.

어떤 프로젝트든 닥치는대로 다 했죠. 모바일 서비스 제공 업체인 Fonecta에서는 그래픽 디자이너로 일했습니다. 레스토랑 가이드와 정보 제공 서비스를 만들었어요. 그리고 Rovio로부터 연락을 받았습니다. 2004년 말이었어요. 그리고 2005년 초부터 그곳에서 일하기 시작했습니다.

당시 Rovio는 자바 게임을 개발하고 있었어요. 제 첫 번째 업무는 게임 아티스트였습니다. 시니어 아티스트로 승진하게 되었고 이후 게임 기획자, 팀장, 마침내 크리에이티브 디렉터가 되었습니다. 게임 기획의 기회를 얻게 된 것은 2007년이었어요. 게임 아티스트로 일하는 것에 지쳐있었기 때문에 분위기를 전환하고 싶었어요. 아티스트로 일한 경험과 프로그래밍을 공부했던 것 그리고 뮤지션이 되었던 경험이 좋은 자산이 될 거라고 생각했습니다.

높이 나는 새

앵그리 버드(2009)는 너무 거대해졌습니다. 저는 잘 이해하지 못했어요. 그 현상을 이해하기는 참 어려웠어요. 제 생각으로는 도저히 납득하기 어려울 정도로 이상하다고 느꼈어요. 수십억 다운로드라니... 말레이시아에서 휴가를 보낼 때 앵그리 버드 헬멧을 쓴 아이들을 보았어요. 제게 그순간은 무척 인상깊게 다가왔습니다. 앵그리 버드 이전에는 그런 것들이 거의 없었는데 제게는 무척 중요한 일이었어요.

앵그리 버드는 게임 기획에 대한 많은 것을 가르쳐주었습니다. 수 년 간의 공부였어요. 그리고 이 일을 겪으면서 내 능력에 대해 확신하지 못하는 아마도 핀란드인스러운 태도를 고칠 수 있게 많은 도움을 받은 것 같습니다. 저는 제게 게임 기획자로서의 소질이 있다는 것을 깨달았어요. 그러나 물론 각 레벨을 설계하는 일이 항상 즐거운 일만은 아니었습니다. 저는 항상 어느 정도 새로운 요소를 넣으려고 노력했어요. 이것은 제 스스로를 향한 도전이었고 게임을 신선하게 유지하기 위함이었지요.

여러분은 항상 스스로 정해놓은 안전지대 바깥으로 나가야 합니다. 그게 잘 될 거라고 확신하지 못하는, 약간의 공포감을 느끼는 쪽이 여러분에게 좋습니다. 이를 갈고 도전하세요. 그게 바로 스스로를 발전시키는 방법입니다. 단지 게임 기획에 관해서가 아니에요. 다른 분야에서도 마찬가지입니다.

플레이어 유치

말했듯이, 저는 주로 제 자신을 위한 게임을 기획합니다. 그리고 기획에 있어 중요한 부분은 다른 사람들의 시각에서 게임이 어떻게 느껴지는지를 판단하는 능력입니다. 스스로를 최종 사용자로 보고 게임을 얼마나 즐겼는지를 판단할 수 있어야 하는 거죠. 자신에 대한 분석이 열쇠입니다. 이는 게임 기획에 관한 책에서 자주 언급되는 내용입니다.

게임 기획의 큰 부분은 문제를 해결하는 것입니다.

여러분은 기획을 진행하고 게임을 플레이합니다. 그리고 생각대로 돌아가지 않는다고 느끼면 그것을 수정하지요. 투박한 부분들을 전부 부드럽게 다듬고 난 후에 게임이 완성됩니다. 약간 좋다고 느끼는 것만으로는 충분하지 않아요. 저는 더 좋아질 수 있다고 느껴진다면 좀 더 다듬고 수정하려고 노력할 겁니다.

저는 그런 것들에 대해서 좋은 감을 가졌다고 느끼는 경지에 이르렀습니다. 제가 올바로 판단했을 때를 알아요. 설명하기는 어렵지만 요즘 그런 능력이 생겼습니다.

레퍼런스 게임을 플레이하는 것이 도움이 됩니다. 그리고 비교를 해보는 것이죠. 그런 관점에서, 공부를 해야 합니다. 만약 시장에 비슷한 게임이 있다면 여러분은 그것을 플레이해봐야 합니다. 저는 항상 여러분이 무언가를 하려고 한다면 그것에 대해 공부를 하는 편이 좋다고 생각합니다. 그것의 가장 깊숙한 부분까지 도달할 수 있을 만큼요.

저는 손에 넣을 수 있는 게임 기획에 관한 모든 책을 읽으려 노력했습니다. 예를 들면 "The Art of Game Design: A Book of Lenses"(제시 쉘의 유명 저서) 같은 좋은 책이 있습니다. 또 다른 좋은 책으로는 "Game Design: Theory and Practice"가 있습니다. 그들은 시드 마이어(Sid Meyer), 윌 라이트(Will Wright) 등 오래된 게임 기획자들을 인터뷰했습니다. 흥미로운 책이었어요. 이 책은 단순히 게임 기획에 관한 책이 아니에요. 그들이 사물을 바라보는 방식에 대해 배울 수 있었습니다. 기획은 전반적으로 흥미롭죠. 이 책 이외에도 GDC 프레젠테이션 등도 많이 봤습니다.

게임 기획

저는 미니멀리스트입니다. 모든 것의 군더더기를 없애려고 노력하죠. 게임의 가독성이 정말로 중요한 부분이라고 생각합니다. 게임은 유저 입장에서 명료해야합니다. 게임을 플레이하기 위해 필요한 것들을 힘들게 해독해야 할 필요가 없으면 좋겠습니다. 플레이어들이 그저 즐기기만 할 수 있으면 좋겠습니다. 게임의 주제에서 벗어나 시선을 빼앗은 부가적인 것들로 가득한 게임들이 너무 많고 이렇게 플레이어들의 시선을 나무에만 집중하도록 만들면 전체적인 숲을 보기 어렵게 합니다.

그래서 저는 미니멀리스트 디자인을 좋아하고, 게임을 우아하고 순수하게 유지하려 노력합니다. 더 주의가 필요한 일을 마주하게 되면 전체 작업에 덧붙이게 되는 일은 자주 일어나는 일입니다. 그리고 그것은 최종 결과물을 평범하게 만들어버리죠. 그 길을 가는 것보다는 제거하고 다시 하는 것이 훨씬 좋습니다.

"간단한 해결책이 최고인 셈이죠."

"Theory of Fun for Game Design"이라는 책이 있습니다. 이 책에서는 서로 다른 것들 간의 도전의 흐름에 대해 논합니다. 그리고 또 컨셉과 근거의 필요성에 대해 다룹니다. 저는 그런 아이디어를 좋아합니다. 관련 없는 것들로 구성된 게임은 좋아하지 않습니다. 기획과 게임 플레이 해법이 모두 게임에 있는 것들과 관련이 있어야 한다고 생각합니다. 그것이 바로 여러분의 게임을 잘 구성된 멋진 패키지처럼 느껴지도록 만드는 방법이죠. 시게루 미야모토(Shigeru Miyamoto)가 말했듯이 기획은 하나의 결정으로 여러 문제를 해결해야 하는 겁니다.

저는 이런 것들에 대해 다음과 같은 예시를 즐겨 사용합니다. 앵그리 버드 스페이스(2012)에서 돼지들에 관한 문제가 있었습니다. 돼지들은 진공 상태에서 떠다니고 있었습니다. 여러분이 새를 이용해 돼지를 때리고 돼지는 검은 눈이 되어 화면 바깥으로 날아가 버렸습니다. 그러면 여러분이 볼 수 없는 곳 어딘가에 돼지가 놓이게 되는 거죠. 저는 이 사실이 마음에 들지 않았습니다.

한 가지 선택지는 돼지가 화면 바깥으로 날아가 버리는 경우 돼지를 죽이는 것이었습니다. 그러나 모바일 디바이스는 서로 다른 크기의 화면을 가지고 있었고 따라서 하나의 해결책을 찾기는 어려웠죠. 서로 다른 크기의 화면에서 돼지가 언제 화면을 벗어났는지를 결정하는 일이 쉽지 않았어요. 결국 저는 게임의 나머지 부분과도 잘 어울리는 해결책을 생각해냈습니다.

저는 돼지들을 공기방울 안에 넣었어요. 그들은 우주 공간 안에 있는 공기방울 안에서 숨 쉴 수 있었습니다. 여러분이 공기방울을 터트리게 되면 돼지들은 얼어붙습니다. 그러나 공기방울이 터진 후 돼지들이 적절한 시간 안에 대기를 가진 행성에 도착하게 된다면 얼어붙은 돼지들은 녹아서 살아납니다. 그리고 그것은 훌륭한 메커니즘이 되었습니다. 우리가 가졌던 게임 플레이 상의 문제는 축복으로 바뀌었습니다. 이것은 게임에 추가되었고 이를 통해 게임은 전체적으로 일관성이 있게 되었습니다.

문제가 발생할 때마다 매번 이렇게 할 수 있다면 좋을 것 같습니다. 시스템을 이해하기 위해서 코딩 지식을 갖추는 것이 도움이 됩니다. 그러면 시스템을 이용해서 이런 공짜에 가까운 메커니즘을 만들어낼 수 있습니다. 비용적으로도 이득이죠.

결국 게임 기획은 여러분이 가지고 있는 시스템을 이해하는 것부터 시작될 수 있습니다. 그리고 그렇게 할 수 있다는 것은 곧 새로운 시스템을 만들 필요가 없다는 것을 의미합니다. 새로운 시스템을 만드는 작업은 리소스가 많이 필요하고 작업 속도도 느립니다. 게임 엔진을 만들 때에는 요소와 시스템을 유연하게 만드는 것이 좋죠. 그렇게 되면 시스템을 여러 가지 방법으로 사용할 수 있게 됩니다. 어떤 특정한 고유의 기능을 추가하기보다는 일반화 시키는 편이 좋습니다. 지나친 확장성은 되려 역효과를 낼 수 있다는 관점에서는 일반화라는 말이 나쁜 것으로 여겨질 수 있다는 것을 알지만 이것은 프로그래밍의 문제에 가깝습니다.

오리에게 말하기

저는 기획을 문서화하는 것을 좋아합니다. 물론 문서가 오래되면 현재와 맞지 않을 수도 있고 많은 사람들이 읽지 않겠지만 이 과정 자체는 가치가 있습니다. 게임을 살펴볼 수 있어서 좋거든요. 문서를 만드는 작업은 스스로를 생각하게 만들고 큰 그림을 그릴 수 있게 해줍니다. 광범위한 기획 문서를 작성하는 것은 모든 것을 이해할 수 있다는 측면에서는 좋을 수 있지만 한 페이지짜리 문서나 타임라인 등을 작성하는 것도 좋은 도구가 됩니다.

프로그래머로부터의 전통적인 조언은 고무 오리와 대화하는 것입니다. 여러분이 문제에 부딪혔다면 책상 위에 있는 고무 오리와 상의해보세요. 이 문제를 오리에게 이야기한다면 여러분은 문제를 다른 시각에서 보게 될 겁니다. 그것은 여러분이 마주한 문제를 해결하는 데 도움이 됩니다. 브레인스토밍 세션에 참여한 것과 비슷해요. 저는 문제에 대해 설명하면서 화이트보드에 이것저것 써 내려갔어요. 그러면 해결책을 찾기가 쉬워집니다. 문제를 외부에 드러냄으로써 해결책을 찾는 거죠.

게임 기획의 매력

게임 기획만이 저를 흥미롭게 만드는 것은 아닙니다. 그것은 제가 데모신(demoscene)을 좋아했던 것과 마찬가지이죠. 프로젝트의 일원이 되어 무언가를 수행하고 완수해내는 일은 언제나 즐겁습니다. 그리고 여러분이 요점을 파악하면, 모든 것을 클릭하기만 하면 저절로 제 자리에 놓이게 됩니다. 설명하기는 조금 어렵지만... 그리고 저는 게임 말고 다른 것도 할 수 있습니다. 게임 기획이 제가 가장 많이 알고 있고 잘 하는 것이긴 하지만요.

게임 기획을 할 때에 저는 제일 먼저 자신을 위한 기획을 합니다. 물론 최종 사용자도 생각하죠. 그렇지만 이것이 저에게 효과가 있다면 다른 사람들에게도 마찬가지로 효과가 있을 거라고 생각해요. 저는 플레이어의 입장이 되어봅니다. 그래서 어떤 의미에서는 제가 만들어낼 게임을 플레이할 사용자들을 대표하는 것이죠.

재미있는 장난감

지금 제가 맡고 있는 뱃츠(Bats)라는 게임은 강한 서술적 요소를 가지고 있지만 저는 스토리가 항상 필요하다고는 생각하지 않습니다. 스토리가 저의 최종 목표는 아닙니다. 저는 항상 재미있는 장난감을 만든다고 이야기했죠. 늘 사람들이 가지고 놀 수 있는 장난감을 만들고 싶어요. 머그나 의자처럼 디자인된 물건들을 만드는 것을 좋아합니다. 그런 것들에 끌려요. 예를 들면, 저는 인간형 캐릭터를 디자인하는 데에는 능숙하지 않지만 만약 여러분이 제게 공 세 개와 사각형 하나를 준다면 아주 재미있는 캐릭터로 바꿀 수 있어요.

좋은 게임 기획자와 뛰어난 게임 기획자

엔지니어적 기술과 예술가의 시각을 결합하는 것이 중요합니다. 여러분은 좋은 직감과 영감을 가져야 하고 창의적이어야 합니다. 필요한 엔지니어적 기술이 있으면 더 좋을 것 같아요. 기술적인 측면을 함께 알고 있어야 합니다. 그러면 그에 기반한 결정을 내릴 수 있죠. 근거가 있다는 것을 확신하기 위해서 엑셀 시트를 보면서 숫자를 체크하고 그것들을 참조하는 것들이 중요해요. 적어도 저한테는요. 하지만 그건 어떤 게임을 기획하고 있는지에 따라 다릅니다. 기획에는 많은 종류가 있으니까요.

허술한 기획

허술한 기획은 좋은 아이디어를 해칠 수 있습니다. 저는 아이디어 자체로는 그 이상의 가치가 없다고 생각합니다. 사람들은 여전히 아이디어가 최고라고 생각하고 있을지도 몰라요. 하지만 평범한 아이디어도 훌륭한 게임으로 거듭날 수 있다는 것이 제 생각입니다.

게임을 만들 때 따라오게 되는 실행, 품질, 절차 그리고 기타 작은 것들이 바로 핵심적인 재료들입니다. 게임은 설계죠. 아이디어가 아니에요. 게임 상점들에서 그 예를 찾을 수 있습니다. 촉박한 출시 마감일이 게임을 망쳤다고 말할 때가 있어요. 출시일이 정해져 있기 때문에 공개할 수 밖에 없었던 거죠.

저는 고맙게도 그런 일들을 피할 수 있었습니다. 개발 시간은 불규칙합니다. 무엇이 필요할지 종잡을 수가 없습니다. 하지만 그렇다고 머뭇거려서는 안됩니다. 항상 제 시간에 잘 끝날 것이라고 믿어야 해요. 한번 도전해봅시다. 여러분이 처음부터 종이에 기획한 그대로 실행할 수 있다고는 생각하지 않습니다. 이것은 항상 매우 흔한 과정입니다.

플랫폼 간의 차이

저는 90년대 후반부터 휴대용 콘솔로 작업을 했지만 대부분은 모바일용이었습니다. 그리고 최근 모바일 게임은 모든 것이 프리미엄급 게임이었던 당시의 자바 게임과는 많이 다릅니다. 앵그리 버드는 그런 관점에서 매우 오래된 게임입니다.

모바일 게임을 기획하는 것은 전통적인 싱글 플레이어 콘솔 게임을 기획하는 것과는 매우 다릅니다. 고전적인 싱글 플레이어 경험을 설계하는 것은 영화를 제작하는 일과 비슷하죠. 그리고 "서비스로서의 게임"은 콘솔용 멀티 플레이어 게임처럼 전혀 다른 분야입니다. 그중 하나를 시도해본다면 재미있을 거예요.

데이터 주도 설계

일전에 프로젝트에서 프리랜서로 일할 때 유저로부터 얻은 데이터를 기반으로 최종 밸런싱이 이루어졌어요. 여러분은 직관을 가지고 일을 진행시킨 후 데이터를 보면서 여러분이 한 일이 제대로 된 것인지를 검증합니다. 저는 이용할 수 있는 데이터가 없다면 항상 데이터를 마련하려고 노력했습니다. 프로그래밍을 했던 경험이 도움이 됐어요. 저는 게임 개발이 시스템 설계와 약간 비슷하다고 봅니다. 개발에는 종종 제 기획 업무를 지원할 때 사용할 수 있는 시스템을 만드는 일도 포함되어 있죠.

앵그리 버드에서 물의 행성을 예로 들면, 가능한 한 재미있는 느낌을 주기 위해서 필요한 물의 부력을 얻기 위한 숫자들을 기록한 엑셀 시트가 있었어요. 저는 이것을 혼자 고민하고 싶지 않았어요. 조금 더 확실한 것에 기반을 두고 싶었죠. 이 경우 다양한 형태의 데이터는 아주 좋은 도구가 될 수 있습니다. NASA의 도움을 받았음에도 이 기획은 현실적이기만 한 것은 아니었습니다. 하지만 게임으로서는 충분히 좋았죠.

우리는 틀을 조금 깨고 싶었습니다. 그렇지 않았다면 이 게임은 조금 지루해졌을 거예요. 재창조를 해야 해요. 그렇지 않으면 정체 상태에 빠져 브랜드를 죽이게 될 겁니다. 우리는 다섯 개의 앵그리 버드 게임들을 신선하게 느껴지도록 만들었습니다. 쉬운 일이 아니에요. 우리가 그렇게 하지 못했더라면 앵그리 버드는 금방 망했을지도 모릅니다.

장인

테트리스(1984)는 아름다운 게임입니다. 저는 그것을 높이 평가합니다. 그리고 닌텐도도 있습니다. 그들은 모든 것을 다듬고 완벽한 게임을 만듭니다. 온갖 수단을 다 동원하죠. 슈퍼 마리오 3D 월드(2013)를 예로 들어 보죠. 완벽해요. 여러분이 그것을 보고 더 잘 만들어질 수 있다고 생각할만한 것은 많지 않습니다. 플레이해보면 알아요.

Horizon Zero Dawn™ © 2017-2018 Sony Interactive Entertainment Europe. Published by Sony Interactive Entertainment Europe. Developed by Guerrilla. 'Horizon Zero Dawn' is a trademark of Sony Interactive Entertainment Europe. All rights reserved.

그들은 장인입니다. 저는 우아하고 순수한 게임을 좋아합니다. 테트리스에는 군더더기가 없죠. 그렇지만 저는 장르나 플랫폼을 불문하고 모든 게임을 플레이 해보려고 노력합니다. 아직까지도 콘솔용 싱글 플레이어 게임을 선호하지만요. 최근에 플레이한 게임은 Prey(2017)와 Uncharted: The Lost Legacy(2017) 그리고 Horizon Zero Dawn(2017)입니다. 기회가 있을 때마다 플레이해보려고 노력하죠.

게임을 플레이하는 것은 제게 매우 중요한 일입니다. 기획자로서의 제게 도움이 되죠. 게임은 제 마음을 움직이게 해요. 게임 기획에 대해 생각해보기 시작하던 그 때의 마음가짐으로 돌려놓죠. 게임을 플레이하면서 멋진 메커니즘을 배울 수 있습니다. 저는 기획자에게 많은 게임을 플레이하는 일이 매우 중요하다고 생각해요. 다른 사람들이 어떻게 일을 해왔는지 보는 것은 크게 도움이 되죠. 그리고 나중에 그걸 다시 이용할 수 있습니다. 매번 바퀴를 재발명할 필요가 없게 되는 것이죠.

최근의 게임들은 너무 긴 경향이 있습니다. 100시간 이상 플레이해야 하는 게임도 있어요. 멋진 게임 플레이가 여섯 시간 정도라면 더 행복할 것 같아요. 예를 들자면, 저는 Portal(2007)을 좋아해요. 그것은 적당한 플레이 시간을 가진 매우 훌륭한 싱글 플레이어 게임이죠.

멀티 플레이어 게임에 전혀 관심이 없었다는 점은 인정해야겠어요. 하지만 그저 멀티 플레이어 게임을 많이 해보지 않았다는 것 뿐입니다. 해봐야죠. 하지 말아야 한다고 이야기 하는 것이 아닙니다. 저도 그런 게임들을 좋아할 수 있어요.

ANTTI ILVESSUO

안띠 일베쓰쑤오(ANTTI ILVESSUO)

출생 1974년
현재 크리에이티브 디렉터(Redlynx / Ubisoft)
대표작 Trials 시리즈

★　★　★

안띠 일베쓰쑤오는 인터넷 초창기이던 90년대 초에 작은 PC 게임을 만들면서 게임 업계에 뛰어들었습니다. 온라인 예약 시스템을 개발하는 회사에서 일하고 있었고, 그와 친구들은 포비아(Phobia, 1997)와 포비아 II(Phobia II, 1998)를 만들었습니다.

선생님에게 온라인 우주 게임을 만들고 싶다고 했을 때, 선생님은 그에게 좀 더 현실적인 것을 생각하라고 말했습니다. 일베쓰쑤오는 결국 티에토네이터(Tietoenator)라는 IT 컨설팅 회사에서 시스템 엔지니어로 일하게 되었습니다. 하지만 게임에 대한 미련을 버릴 수 없어 회사를 그만 두었습니다. 2000년에 형제인 아떼(Atte)와 함께 레드링스(RedLynx)를 설립했습니다. 처음에 이 회사의 이름은 Punainen Ilves Laboratoriot(Red Lynx Laboratories)이었으나, 2004년에 RedLynx로 회사 이름을 변경했습니다.

레드링스는 게임 장르와 플랫폼에 있어서 꽤나 잡식성이었습니다. 이 회사는 항상 새로운 영역으로 진출하기를 원했고, 결국 레드링스가 그다지 좋지 않은 게임을 개발하도록 만들었는데 이것이 바로 노키아 N-Gage용인 Pathway to Glory(2004)였습니다. 이 회사는 수백만 장이 팔린 오토바이 게임 트라이얼즈(Trials) 시리즈로 잘 알려졌습니다. 레드링스의 최근 작품은 South Park: Phone Destroyer(2017)입니다.

그래픽 그리고 기획

저의 배경은 코딩보다는 데이터 분석과 시스템 및 프로젝트 관리 업무와 더욱 밀접합니다. 약간의 코드를 작성할 수는 있지만 제 자신을 프로그래머라고 생각해본 적은 없어요. 온라인 예약 시스템은 제게 브라우저 기반의 멀티 플레이어 게임에 대한 아이디어를 가져다 주었어요. 대부분은 숫자 같은 것들이었지만 이는 여러분이 어디서든 간에 이런 유용한 것들을 발견할 수 있다는 것을 보여주죠. 데이터베이스에 대한 지식과 이해는 여러분에게 게임 기획의 어딘가에 사용할 수 있는 도구를 제공합니다.

처음에 우리는 둘 뿐이었습니다. 그래서 제가 기획 업무를 맡았어요. 하지만 당시에 저는 그래픽에 대해 더 많이 생각했습니다. N-Gage를 위한 Pathway to Glory를 개발할 당시 저는 수석 기획자가 아니었어요. 저는 기계장치를 설계하고 그래픽을 만들었습니다. 저는 제가 항상 게임 플레이를 염두에 두고 그래픽을 만들었다는 것을 뒤늦게 깨달았어요. 저는 대부분 수석 그래픽 아티스트였지만 그것은 항상 기획과 조화를 이루었습니다. 다른 하나 없이는 나머지 하나를 가질 수 없는 법이죠.

High Seize라는 게임을 개발하는 동안 저는 배들이 어떻게 그려져야 하는지에 대해 꽤나 목소리를 높였습니다. 작은 화면에서 게임의 모든 요소가 보여지면서 파악하기 쉽게 만드는 것은 쉽지 않은 작업이죠. 저는 게임 설계를 고려합니다. 단순히 배를 보기 좋게 만드는 것이 아닙니다.

크리에이티브 디렉터가 모든 것을 직접 다 해봐야 하는 것은 아니지만 될 수 있으면 같이 참여해야 합니다. 배 위에 있는 나무통의 위치가 잘못되었다고 직접 말하는 대신 나무통을 어디에 놓으면 좋을지를 물어볼 것입니다. 저는 왜 수정해야 하는지에 대한 타당성 없이 요소들을 수정하려 하는 것은 잘못된 일이라고 생각해요. 여러분은 그 변화를 게임과 연결시켜야 합니다. 그렇게 할 때 더욱 의미가 있는 것이죠.

플레이어 이탈 방지

엣지(Edge)라는 잡지에 어떤 기사가 있었어요. 플레이어를 사로잡고 계속해서 게임을 플레이하도록 만드는 열 가지 규칙에 관한 내용이었죠. 유저를 위해서 모든 것을 시각적으로 명확하게 만드는 것이 매우 중요해요. 원인과 결과 역시 투명해야 합니다. 여러분은 플레이어로 하여금 게임에서 흥미를 잃었다는 느낌을 받게 하는 걸 원하지 않을 거예요. 저는 역동적인 게임을 좋아합니다. 끊임없이 결정을 내려야 한다는 기분을 느끼고 싶어요. 그리고 그 결정이, 제가 취한 행동이 제 환경에 영향을 미치고 상호작용한다는 것을 느끼고 싶습니다. 이것이 제가 물리학에 기반을 둔 게임에 끌리는 주된 이유죠. 저는 새로운 게임을 플레이하는 것과 스토리를 좋아합니다. Trials에서는 라이더가 충돌할 때마다 물리 작용을 합니다. 이 결과는 각기 다른 여러 상황에 대해 각각의 애니메이션을 만드는 것에 비해 훨씬 좋죠. 미리 만들어진 대로 하려면 항상 무언가 끊김이 있을 겁니다.

게임은 현실적이고 공정하게 느껴질 필요가 있습니다. 여러분은 유기적으로 동작하는 환경에서 부적절하게 느껴지는 무언가로 플레이어를 자극하기를 원하지는 않을 겁니다. Trials에서는 모든 것이 자기 방식대로 하려고 하거나 체득하기 전에 자연스럽게 일어납니다.

저는 게임이 중단되는 순간이 생기는 것을 싫어합니다. 만약 단 몇 초라도 아무 것도 하지 않거나 아무 일도 일어나지 않는 소강 상태가 생긴다면 그 부분은 사라져야 한다고 생각해요. 플레이어가 30초 동안 게임을 플레이한다면 1초의 다운타임도 길죠. 매우 짜증이 나는 거예요. 그러니 항상 움직임을 유지해야 하는 편이 더 좋습니다.

플레이어를 돌아오게 하는 방법은 Trials의 경우 가능한 한 별다른 어려움 없이 게임을 이어서 할 수 있도록 하는 것입니다. 자전거를 타는 것과 마찬가지예요. 한 번 배우면 잊지를 않잖아요? 다음번에도 자연스럽게 안장에 올라 출발하죠. 그리고 게임은 더 나아졌다는 느낌을 줍니다. 게임을 진행하면서 난이도가 올라가더라도 매번 더 배우게 되니까요.

모바일 게임에서는 게임 안에서 이용할 수 있는 화폐를 제공해서 플레이어를 유지시킬 수 있습니다. 물론 이 화폐로 할 수 있는 일은 매번 다를 수 있지만 어찌 되었든 화폐는 훌륭한 요인이 됩니다. 그러나 Trials 같은 게임의 경우에는 플레이어가 다시 게임에 참가했을 때 방해되는 것들이 없어야 합니다. 그것에 시간을 투자할 가치가 있는 것인지를 생각하게 만드는 면이 없어야 하죠. 콘솔과 PC의 경우, 저는 플레이어가 게임을 진행하려는 의지를 자극하려고 해요. 모바일의 경우에는 플레이어가 오프라인 중에도 무슨 일이 일어나고 있는지, 무엇을 수집했는지 등을 알 수 있기를 원할 수도 있어요.

개발 프로세스

게임 개발은 대개 반복적입니다. 처음부터 끝까지 종이에 기획하는 경우는 드물죠. 저는 유비소프트(Ubisoft)의 자회사인 케챱(Ketchapp)의 모바일 게임인 스페이스 프론티어(Space Frontier) 개발에 참여했습니다. 그 게임은 시작부터 잘 정의되었어요. 하지만 그 게임은 작은 규모의 게임이었고 그래서 더 완수하기가 쉬웠죠. 규모가 큰 개발일수록 미리 알기 어려운 일들이 많습니다. 한 번에 모든 것을 파악할 수는 없는 법이죠.

그리고 그에 있어서 개발 프레임워크나 스크럼을 비롯한 개발 방법론은 썩 중요하지 않습니다. 오히려 영화와 더 비슷하죠. The Thin Red Line(씬 레드 라인, 1988에 개봉된 미국의 전쟁영화)에서 숀 펜이 연기한 캐릭터는 그래, 맞아, 그렇게 하는 거야라고 누군가가 어떻게 일을 해야 하는지 알려주는 것처럼 생각합니다. 다른 모델에도 적응할 수 있어요. 물론 수정은 필요합니다. 게임은 개발되어야 하죠. 우리가 선택한 방법과 상관없이 우리는 어떤 경우에도 똑같은 문제와 도전에 직면하게 될 겁니다.

Trials © Redlynx/Ubisoft

내러티브(narrative)

지나치게 스토리를 많이 말하기 시작하는 것은 자주 있는 일입니다. 배경이나 환경은 잊은 채로요. 저는 여러분이 만들어낸 세계관으로부터 스토리가 시작된다고 생각합니다. 좋은 배경 없이는 좋은 스토리가 있을 수 없어요. 때는 1945년 혹은 2095년... 하면서 게임이 시작되는 것은 좋지 않습니다. 그것은 누구나 종종 생각해본 정도의 이야기처럼 느껴져요. 여러분이 세부적인 것에 주의를 기울이기 시작하면 스토리는 거의 쉽게 생겨 날 수 있습니다. 왜 그 군인들은 외투에 그런 단추를 달았을까? 저 캐릭터의 배경은 어떨까? 무엇이 그에게 동기를 부여할까? 그는 어떤 가치를 추구할까? 이런 생각들이 좋은 스토리를 낳게 됩니다. 스토리는 단지 좋다고 말하기 위한 수단 그 이상의 것을 필요로 하죠. 잘 만들어진 세계가 좋은 스토리를 낳는 법이니까요.

무엇이 좋은 게임 기획자를 만드는가

항상 그런 식으로 일을 했으니 똑같은 방식으로 해야 한다고 생각하지 마세요. 그리고 자연스럽게 모든 것에 관심을 가져야 합니다. 게임 기획에 대한 책들도 좋지만 그런 것들은 여러분들이 읽는 것들의 일부분에 불과해야 해요. 읽을 수 있는 모든 것을 읽으세요. 많은 영화를 보고, 여러분들이 읽고 본 것들에 대해 생각해보아야 합니다. 그것들을 모두 연결지으려 해보세요. 여러분이 보고 겪을 수 있는 모든 것들을 이용하세요. 산책을 하고, 돌을 걷어 차며 어떻게 굴러가는지를 관찰하세요. 왜 그렇게 굴러갔을까? 왜 거기에 없을까? 책장에 책도 가득 채우세요. 그리고 오페라를 보러 가세요. 좋아하지 않더라도 말이죠. 그것이 무엇인지만이라도 알아야 합니다.

드로우 레이스(DrawRace, 손가락으로 그린 경로를 따라 달리는 모바일 레이싱 게임)는 그런 자세 덕분에 태어났습니다. 사람들은 그게 왜 이전에 만들어지지 않았는지 궁금해했어요. 맞아요. 없었죠. 예전에 포뮬러 1(Formula 1) 게임을 했던 기억이 있습니다. 그 게임의 매뉴얼에는 레이싱 라인과 트랙 그림이 있었어요. 그 때 저는 가능한 한 빠르게 트랙의 중앙을 벗어나야 한다는 것을 깨달았습니다. 무릎을 탁 쳤어요. 그리고 플라이트 컨트롤(Flight Control, 손가락으로 경로를 그려 비행기들을 안전하게 착륙시키는 게임)이라는 게임이 있습니다. 그 게임을 보고는 DrawRace 같은 게임은 누가 이미 만들었을 거라고 생각했었죠. 그러나 그렇지 않았어요. 그래서 저는 이 아이디어를 보여줬고, 결국 우리는 프로토타입을 만들었죠. 그리고 DrawRace가 태어났습니다.

제 생각에는 이것이 상황을 보며 두 가지의 다른 아이디어들이 어떻게 어울릴 수 있는지를 생각해보고 결국은 그것을 실행할 용기를 가지게 된 좋은 케이스입니다. 그리고 물론, 실제로는 연관이 없는 무언가를 만들어낸다는 도전이 있었습니다. 저는 그 상황과 도전이 매우 흥미롭다고 느낍니다. 여러분도 그런 사고방식을 가져야 해요.

그와 관련한 것은 아니지만 SpaceX(엘론 머스크가 설립한 미국의 민간 우주기업)를 한 번 보죠. 물론 로켓을 재사용할 수 있게 된다는 것은 의미 있는 일입니다. 그런 방식이 가능하도록 로켓을 설계하는 것은 어려운 일일 거예요. 그러나 분명히 가치가 있습니다. 비용이 획기적으로 줄어들 거예요. 누군가 과거에 그와 같은 일이 가능하지 않을까라고 생각했을 게 분명하지만 SpaceX는 생각만으로 그치지 않고 그것을 현실로 만들었습니다. 대형 우주기업들은 그럴 만한 돈이 있었을 테지만 그들은 그런 시도를 하지 않았지요. 저는 그들이 그저 틀에 박힌 생각만 하고 있었을 거라고 추측합니다. 진짜 패러다임은 변화하죠.

모바일, 콘솔 그리고 PC

여러분은 이 플랫폼들을 모두 이해해야 합니다. 그리고 플랫폼 모두에서 게임을 플레이해봐야 하죠. 여러분들의 고객에 대해서도 알아야 합니다. 모바일에서는 PC에서 플레이하던 사람들이 개발한 많은 게임을 찾을 수 있습니다. 그런 것들 중 일부는 성공하기도 하죠. 그들은 세계 최고라고 불러도 부족할만한 모바일 게임을 만들었다고 해도 스스로 플레이해보지는 않죠.

PC로 플레이하는 것을 좋아하니까요. 그것은 스스로를 위험에 빠트리는 꼴입니다.

요즘에는 거의 모든 것을 모바일로 할 수 있습니다. 콘솔에서만 가능하던 시대는 끝이 났어요. 클리커(주된 액션이 단순한 클릭 뿐인 방치형 게임) 게임처럼 모바일에 더 적합한 게임들도 있습니다. 심 시티(Sim City) 같은 게임은 모바일에서도 할 수 있는 더 복잡한 게임의 좋은 예죠. 유로파 유니버셜리스(Europa Universalis) 같은 전략 게임은 아직 PC에 더 적합하지만 차이는 거의 없어져 가고 있습니다. PC용 게임을 만들 수도 있지만 여러분에게는 다른 접근 방법이 필요합니다. 모바일에서 할 수 있도록 만드는 방법을 생각해보세요.

아이디어, 실행 그리고 첫 단추

좋은 아이디어를 망칠 수 있는 수많은 요인이 있습니다. 게임을 만드는 것은 줄타기를 하는 것과 같죠. 때때로 떨어질 거예요. 게임이 출시되었을 때, 처음 계획했던대로 끝까지 진행된 경우는 매우 드뭅니다. 그리고 게임은 적시에 출시되어야 합니다. 이건 아이디어에 관한 것이 아닙니다. 실행에 옮기는 것이 최고예요. 만약 여러분이 좋은 게임을 만든다면, 그것이 결과를 보여주겠죠.

앵그리 버드를 예로 들어 보겠습니다. 간단한 아이디어지만 아주 잘 만들어졌죠. 새총 매커니즘이 좋긴 하지만 게임을 완성시켜주는 것은 레벨을 설정하는 것입니다. 레벨이 잘못 설정되었다면 새총 매커니즘은 적절하게 작용하지 않았을 수도 있습니다.

여러분은 작은 것부터 시작해야 해요. 처음에는 공을 다루는 모바일 게임을 만들어보세요. 버튼을 누르면 공이 튕겨지는 거죠. 바로 그겁니다. 만들어본다면 개발 프로세스가 동작하는 핵심적인 방식을 이해하게 될 거예요. 그건 여러분이 만들 수 있는 가장 간단한 것입니다. 그 후에 세계에서 가장 크고 아름다운 온라인 멀티 플레이어 게임에 대해 생각해보는 거죠. 여러분은 프로젝트가 얼마나 복잡해질 수 있는지, 얼마나 많은 변수가 있는지를 깨닫게 될 거예요.

물론 여러분은 좋은 학교를 졸업하고 좋은 회사에 취직해 처음부터 큰 프로젝트에 참여할 수도 있습니다. 빠르게 발전해서 3년 만에 게임 디렉터인 자신을 발견할 수도 있어요. 그런 케이스라면 아마 공 튀기기 모바일 게임 같은 건 건너 뛰었을 겁니다. 그런 과정은 필요하지 않다고 생각할 수도 있습니다. 만약 제가 3년 동안 집에서 최고의 언리얼(Unreal, 대표적인 게임 엔진) 신을 만들었다면 저는 아마도 어떤 스튜디오의 기획자로 취직할 거예요. 여러분이 항상 아주 간단한 모바일 게임으로만 시작해야 한다고 말하는 것은 아닙니다. 그렇지만 간단하고 직관적인 게임을 만들어보는 것은 좋은 일이죠. 그런 일들을 간과해서는 안됩니다.

데이터와 기획

주의해야 할 부분이 한 가지 더 있어요. 잘못하면 회사를 망하게 할 수도 있는 일이죠. 숫자만 보다가는 스스로를 위험에 빠트릴 수 있습니다. 데이터는 게임을 튜닝하는 데 있어서 여러분을 도와줄 수 있지만 테스터들이나 실제 유저들을 대체할 수는 없습니다. 데이터를 활용해야 하는 것은 맞지만 데이터에게 끌려다녀서는 안됩니다.

게임 역사 속에서 영향력을 준 것들

마스터 오브 오리온(Master of Orion)은 멋진 게임입니다. 속편은 그렇지 않았지만요. 하지만 코모도어 64 때와는 전반적인 상황이 많이 달랐어요. 그 때는 게임 자체가 많지 않았기 때문에 나쁜 게임이 없었죠. 어쩌면 있었을지도 모르지만 코브라(Cobra)를 끝까지 플레이했더라도 다시 또 코브라를 플레이해야 했을 거예요. 선택지가 많지 않았으니까요.

오늘날의 게임은 컴퓨터와 함께 훨씬 나아졌습니다. 여러분은 디펜더(Defender), 크라운(Crown), 에어본 레인저(Airborne Ranger), 시드 마이어의 해적(Sid Meier's Pirates) 같은 게임을 했을 거예요. 그나마 최근의 게임 중 제가 좋아하는 것은 이브 온라인(Eve Online)입니다. 이제는 제법 오래 된 게임이지만 여전히 다른 게임들이 본받아야 할 점이 많습니다. 월드 오브 워크래프트(World of Warcraft)를 플레이하기 전에는 이브 온라인을 했었어요.

저는 항상 사람들이 서로 다른 서버에서 게임을 하는 대규모 멀티 플레이어 게임을 이상하다고 생각했어요. 모든 사람들이 함께 플레이할 수 없다는 것은 옳지 않다고 느껴집니다. 그래서 이브 온라인을 좋아해요. 저는 모든 사람들이 같은 서버에서 같은 세계를 공유하는 것을 좋아하거든요. 사람들에게 어느 서버에 접속해야 당신을 만날 수 있는지 묻고 싶지는 않아요.

포켓몬 고(Pokémon GO)도 꽤 많이 플레이했습니다. 제 아들과 함께 했죠. 그것은 완전히 새로운 경험을 선사했어요. 과거에는 불가능했던 그런 것들 말이죠. 그러나 최신 콘솔 버전은 플레이 해보지 않았어요.

게임을 플레이하도록 만들기

많은 것들이 게임화될 수 있습니다. 지금의 보너스 시스템이나 카드 매장, 소매점 및 서비스들은 게임적 요소들을 잘 활용하지 않아요. 그들의 접근 방법을 수정할 필요가 있습니다. 플레이어가 게임을 할 수 있도록 더 나은 것을 제공해야 합니다. 우유 한 팩을 얻을 때라도 성취감을 더 느끼게 만들 수 있는 요소를 추가해 보세요.

핀란드의 자동차 부품 및 장비 소매 체인인 Motonet은 그들의 혜택 시스템을 아주 잘 구축했습니다. ID만 있으면 되죠. 별도의 카드 같은 것을 들고 다닐 필요가 없습니다. 지나치게 많은 질문에 대답할 필요도 없죠. 말하자면, 쉽게 게임에 참여할 수 있도록 만든 것입니다. 그러나 이런 경우에도 회원이 되는 것이나 그들의 프로그램에 참여하는 것에 대한 혜택을 먼저 이해할 수 있게 만드는 것이 최우선시 되어야 합니다. 이득을 알게 되면 더 흥미가 생기거든요. 참여할만한 동기를 부여하는 거죠.

예를 들면, 저는 다른 항공사들의 보너스 포인트를 이해할 수 없습니다. 각각을 위해 서로 다른 포인트가 존재하고 그것은 결국 여러분이 방금 무엇을 얻었는지와 그것이 어디에 사용될 수 있는지에 대해 헷갈리거나 잊게 됩니다. 그것이 바로 여러분이나 여러분의 회사가 게임화를 시도할 때 하지 말아야 할 것이죠.

게임의 관점에서 생각해볼 때, 보너스 시스템의 대부분은 출시되지도 못할 정도로 평균 미달인 게임과도 같습니다. 여러분은 몇 주가 지난 후에나 받을 수 있는 혜택을 위해 이름, 나이, 주소 그리고 다른 모든 세세한 내용들을 제공하는 것은 원하지 않을 겁니다. 그런 건 아무도 플레이하지 않을 거예요.

RAINE
KAJASTILA

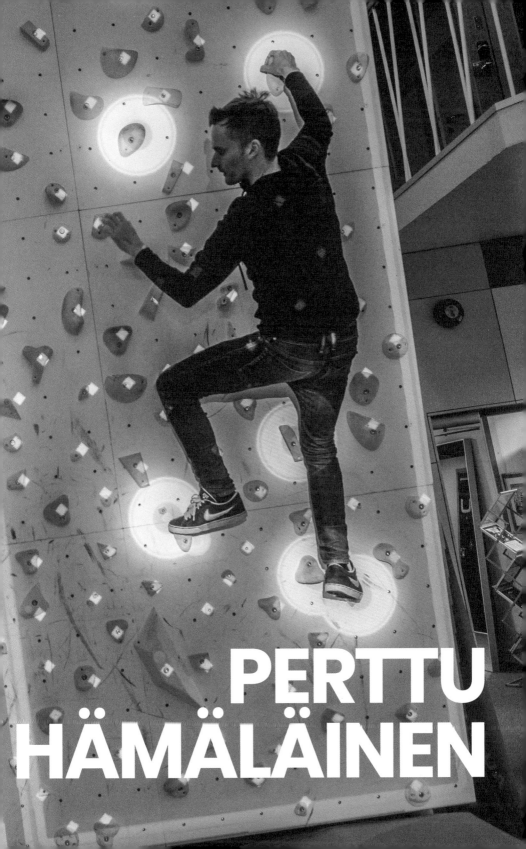

PERTTU
HÄMÄLÄINEN

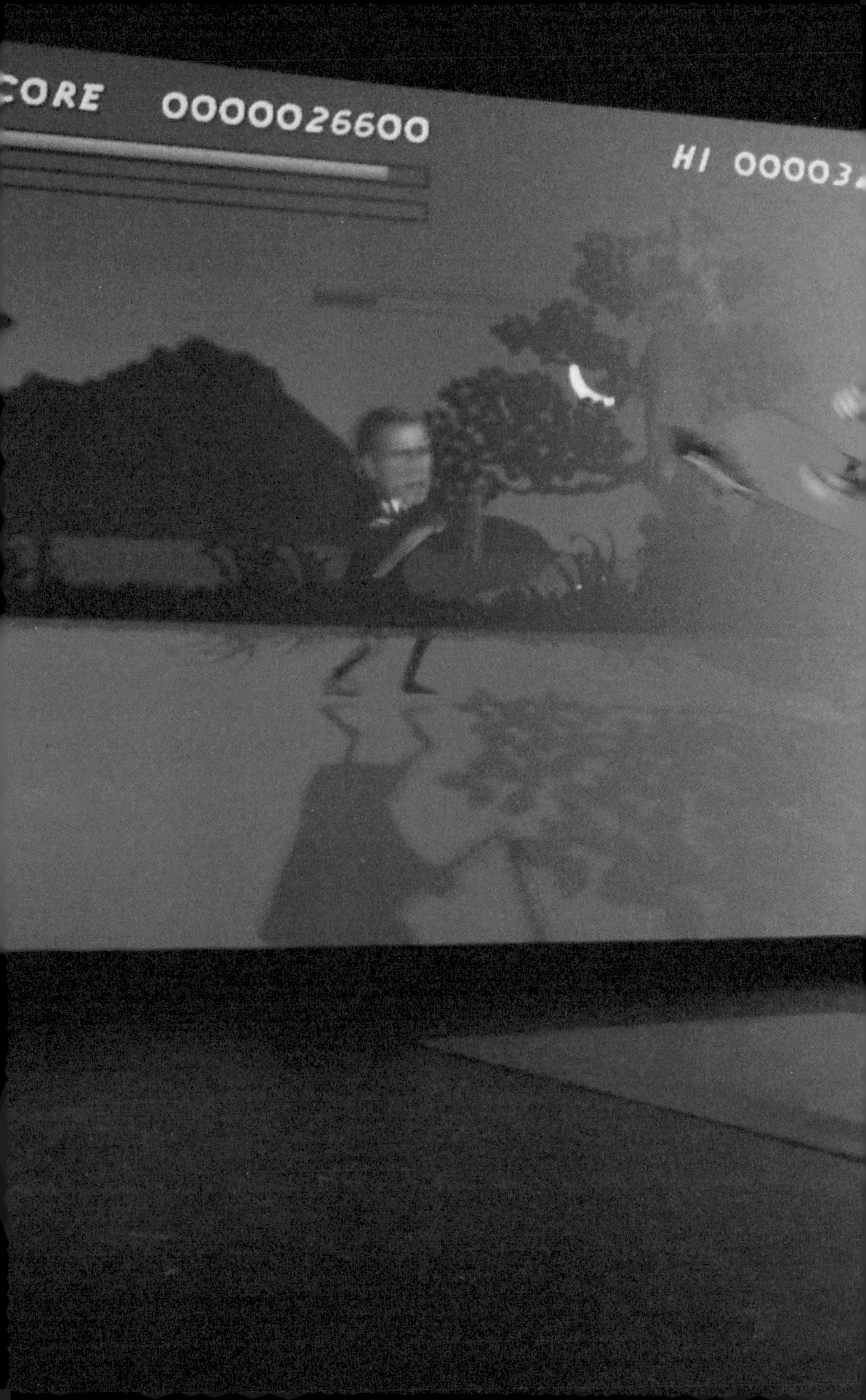
CORE 0000026600
HI 00003

라이네 까야쓰띨라(RAINE KAJASTILA)

출생　　1979년
현재　　Valo Motion의 CEO
대표작　ValoClimb(예전 명칭 : Augmented Climbing Wall, 클라이밍을 하며 플레이하는 증강 게임)

★　★　★

라이네 까야쓰띨라 박사는 알토 공과 대학에서 엔지니어링을 전공했으며 석사 과정에서 HCI(Human Computer Interaction, 인간과 컴퓨터간의 상호작용에 관한 연구)에 흥미를 느꼈습니다. 그의 박사 학위 논문은 눈으로 볼 필요 없는 제스쳐 기반의 사용자 인터페이스에 대한 것이었습니다. 그는 연구 도중에 전 세계적으로 이 분야에 대한 실용적인 솔루션에 관심을 가지고 있다는 것을 깨닫고 대학에서 그의 첫 번째 회사인 히푸이(Hipui, 2009)를 설립했습니다. 이 회사는 자동차나 휴대전화 산업 등에 손짓 기반의 인터페이스 솔루션을 제공했습니다.

그의 두 번째 회사는 클라우드 기반의 모바일 장비용 인터페이스에 집중하는 플라아스티(Plaasti, Pryte Holdings로 변경)였고, 2014년에 페이스북에 인수되었습니다. 이후 그는 알토 대학에서 뻬르뚜 해맬래이넨(Perttu Hämäläinen)의 게임 리서치 그룹에 합류했고, 현실의 스포츠가 디지털 게임과 결합될 수 있는 방안에 대해 탐구하기 시작했습니다. 알토 대학에서 발로 모션(Valo Motion)이라는 회사가 세워졌고, 몇 달 후 클라임볼(ClimbBall) 동영상이 입소문을 타고 첫 일주일 간 8백만 건 이상의 조회수를 기록하며 제품 수요가 폭발적으로 증가했습니다. 현재 발로 모션은 증강현실 스포츠 게임을 45개국에 수출하고 있습니다.

뻬르뚜 해맬래이넨(PERTTU HÄMÄLÄINEN)

출생　　1975년

현재　　알토 대학 컴퓨터 게임 조교수

대표작　Kick-ass Kung-Fu, Augmented Climbing Wall

★　★　★

해맬래이넨 박사는 헬싱키 공과 대학에서 엔지니어링과 신호 처리를 전공하고 헬싱키 예술 디자인 대학의 미디어 랩에서 두 번째 석사 학위를 받았습니다. 후에 두 대학은 알토 대학이 설립되면서 합병되었습니다. 석사 학위 논문으로는 쿠카쿠마 무마사(Kukakumma Muumaassa, 2001)라는 게임을 만들었습니다. 그것은 몸의 움직임과 목소리를 활용하여 자신의 아바타를 표현할 수 있는 첫 번째 게임이었습니다. 이 게임은 Tampere Mindtrek(국제 기술 컨퍼런스)에서 Best Children's Multimedia 상을 수상했으며, 칸에서 열린 Milia New Talent 경연에 후보자로 올랐습니다. 그때 당시의 컴퓨터의 처리 능력은 실시간으로 웹캠의 이미지를 추출해서 움직임 정보를 분석하고 이와 같은 게임을 만들 정도에 도달해 있었습니다. 그것은 다차원적 상호작용의 선구적인 작품이었습니다.

해맬래이넨은 대학에서 연구비를 지원 받으며 연구를 계속 했고, "예술과 스포츠 교육 및 엔터테인먼트를 위한 실시간 시청각 신호 처리 기술"이라는 논문을 썼습니다. 논문의 주요 부분은 플레이어들의 실제 발차기와 주먹질을 컴퓨터 캐릭터의 움직임으로 변환시킨 혁신적인 설치 게임인 Kick Ass Kung-Fu (2004-2007)였습니다. Kick Ass Kung-Fu는 박사 논문을 마치고 CTO로 참여했던 Virtual Air Guitar Company의 게임 Kung-Fu Live(2010, 플레이 스테이션 3)와 Kung-Fu High Impact(2011, Xbox 360 키넥트)의 토대가 되었습니다. 2012년에는 알토 대학의 교수 자격으로 들어가 그의 리서치 그룹과 함께 엑서게임(플레이어에게 신체적인 운동을 제공하는 게임) 기획, 디지털 증강 스포츠 및 컴퓨터 비전에 대해 연구했습니다. 라이네 까야쓰띨라(Raine Kajastila)를 박사 후 과정 연구자로 데려와 유명한 증강 현실 스포츠 게임 Augmented Climbing Wall을 만들 수 있도록 도왔습니다. 해맬래이넨은 Valo Motion의 고문이기도 하며 알토 대학과 회사 간 협력의 결실을 맺었습니다.

운동으로서의 게임

라이네 까야쓰띨라

저는 어렸을 때 게임을 아주 많이 했어요. 누가 안 그랬겠어요? 게임은 제게 흥미를 불러일으켰고 게임을 연구하고 스포츠와 결합시킬 수 있는 기회가 있다는 걸 알았을 때, 그 사실이 저를 사로잡았고, 그래서 게임을 기획하기 시작했어요.

사실 생각해보면 Valo Motion에서의 게임 기획은 컴퓨터 화면이나 태블릿 화면을 위한 게임을 기획하는 것과는 많이 달랐어요. 그런 화면에는 모든 것이 한눈에 보이고 조작도 매우 쉽습니다. 그러나 클라이밍을 하면서 벽에서 게임을 경험할 때에는 모든 것이 바뀌게 되죠. 플레이어는 벽에 붙어있고 주위에 무엇이 있는지 보기 어려워요. 주로 플레이어가 서로 다른 방식으로 움직일 수 있도록 하는 게임을 만들어왔고, 실제 클라이밍에서는 불가능한 것들을 이 디지털 벽에서 합니다. 이 엑서 게임을 플레이할 때 플레이어들은 무언가 신체적으로 해냈다는 걸 느끼게 되죠.

뻬르뚜 해맬래이넨

우리 연구 그룹의 목표 중 하나는 물리적 엑서 게임이 될 수 있는 방법을 찾아내는 것입니다. 실제 물리적 게임 제품의 상당수는 사람들의 집중적인 움직임을 이끌어내지 못합니다. 실제로 몇몇 의학적인 연구에서 매우 적은 수의 게임만이 실제로 건강에 영향을 미칠 만큼의 움직임을 이끌어낸다는 사실이 알려졌습니다. 위(Wii)나 키넥트(Kinect) 같은 것들에서 말이죠.

물론 건강에 미치는 영향이 전부는 아닙니다. 그러나 흥미로운 점은 어떻게 우리가 플레이어로 하여금 "오, 하얗게 불태웠어"하는 느낌을 받도록 유도하는지 그리고 게임을 플레이하는 도중 지치지 않을 수 있도록 만드는지에 관한 것입니다. 또 다른 문제는 위(Wii)나 키넥트(Kinect)의 등장으로 엑서 게임을 TV 화면 앞에서 플레이하게 되는 경향입니다.

플레이어가 TV 앞에 서있다면 꽤 정적일 수 밖에 없게 되죠. 이는 플레이어가 움직일 수 있는 운동 범위의 제약을 가져옵니다. 현대 무용과 같은 몇몇 스포츠에 있어서 그 운동의 즐거움은

그것이 매우 다양한 움직임을 필요로 한다는 사실로부터 옵니다. 만약 발이 바닥에 붙어 있다면 할 수 있는 일이 많지 않을 거예요. 저는 서 있는 것 이외에 가능한 모든 게임의 움직임들을 연구하는 것에 관심이 많습니다. 예를 들면 바닥을 구르는 것, 벽을 타는 것, 트램폴린 위에서 점프하는 것 등이 게임에서 사용될 수 있는 움직임이죠.

클라이밍 참여 유도

라이네 까야쓰띨라

여러분은 누군가 게임을 한 번 해보도록 만들 수 있지만 긴 시간 동안 플레이하도록 만드는 것은 또 다른 도전이에요. 만약 여러분이 플레이어로 하여금 충분히 도전하도록 만드는 새로운 게임을 만들 수 있다면 전혀 다른 경험을 가져다주게 될 것입니다.

뻬르뚜 해맬래이넨

운동과 게임 동기는 모두 학문적으로 꽤 많이 연구되었습니다. 서로 다른 종류의 이론들이 있지만 그 이론들 전부는 다섯 가지 주요 동기 요인에 대해서는 동의를 합니다. 능력과 같은 역량에 대한 느낌, 자율성, 커뮤니티의 일원이 되는 것 같은 사회적 관계, 호기심 같은 새로움에 대한 탐구, 스토리와 관계된 동기나 환상이 그것이죠.

만약 우리가 새로운 것에 대한 탐구나 한계 인지 등에 대해 생각해본다면 디지털적으로 증강된 클라이밍은 스포츠로서의 클라이밍이 가지고있는 도전의 범위를 확장합니다. 손가락의 힘에 대해서 집중하는 게 아니라 타이밍과 관련한 새로운 도전과 신체 전체의 복잡하고 새로운 조화가 필요하죠. 반면에 디지털 클라이밍은 사회적 연계를 강조하며 여러분 스스로 컨텐츠를 스스로 만들어낼 수도 있습니다. 일반적인 스포츠에서는 흔하지 않은 부분이죠. 스케이트보딩이나 스노우보딩 선수들은 자신만의 경사로나 장비 등을 만듭니다. 그걸 클라이밍에 가져다 붙인 거죠. 누구나 새로운 벽 레벨을 만들 수 있고 경로를 바꾸고 그것을 친구들과 공유할 수 있어요.

라이네 까야쓰띨라

그리고 무엇보다, 그것은 매우 사회적인 이벤트예요. 클라이밍을 하지 않는 사람도 보면서 응원할 수 있거든요. 그것 또한 관중 스포츠가 되는 겁니다.

뻬르뚜 해맬래이넨

둘이 함께 하는 클라이밍은 다른 사람과 함께 손을 잡고 벽을 타는 것입니다. 이는 몇몇 행사에서 시연되는 것이지만 기술적으로 매우 어려운 일이죠. 물론 위험도 있어요. 한 사람이 다른 사람 위에 떨어질 수도 있거든요. 우리 ClimBall에서는 두 명의 플레이어가 안전하게 같은 벽을 오를 수 있습니다. 서로 디지털로 연결되어 있기 때문에 물리적으로 손을 잡을 일이 없거든요.

라이네 까야쓰띨라

고전 파티 게임인 트위스터(Twister(1966), 지시에 따라 플레이어가 각각 보드판의 지정된 위치에 두 손과 발을 올려놓도록 하는 게임)는 클라이밍에 이용되었습니다. 그러나 이는 매우 위험한 게임이죠. 만약 여러분이 누군가의 위에 떨어지게 된다면 여러분의 아래에 있는 누군가를 다치게 할 수도 있으니까요. 그러나 우리가 만든 디지털 벽에서는 그것을 디지털로 구현했기 때문에 안전하게 플레이할 수 있습니다.

게임 기획자는 경험이 필요하다

뻬르뚜 해맬래이넨

스포츠 게임을 할 때 기획자가 게임화하려는 스포츠를 경험해봤다면 확실한 이점이 있습니다. 저는 제 학생들 중 스포츠 게임을 만드는 것에 관심이 많은 학생에게 초급 반에 가서 모든 스포츠를 경험해보라고 말하죠. 그들은 각 스포츠가 어떻게 느껴지는지, 그리고 심미적 경험이 물리적 경험과 어떻게 다른지를 체험해볼 필요가 있습니다.

무언가를 만들어야 하는 사람들에게는 다 마찬가지일 거라고 생각해요. 스스로 더 많은 경험을 가지고 있다면 남들에게도 더 나은 경험을 만들고 제공할 수 있는 법이죠. 저는 제 학생들을 중세 시대 결투장에 데려가 모든 무기를 쥐어보게 하고 각각의 무기들이 움직임에 어떤 영향을 미치는지를 경험하게 했습니다. 모든 것이 디지털 게임에 현실적으로 옮겨질 필요는 없습니다. 예를 들면, 어떤 스노우보딩 게임이 있다고 할 때 게임에서 전달하려 하는 핵심 요소가 어떤 것인지, 게임이 어떤 점에서 더 나은지, 무엇이 포함되지 않았는지를 분석할 수 있다면 좋을 겁니다.

라이네 까야쓰띨라

만약 여러분이 스포츠와 관련해 어느 정도 알고 있다면 그 스포츠가 어떤 것을 겨냥하고 있는지 또 그것이 즐거운 이유는 무엇인지 또한 알고 있을 거예요. 게임의 목표는 그저 스포츠의 재미 일부분을 다시 체험하는 것일 수도 있습니다. 클라이밍에서의 재미는 자신의 몸을 제어하고, 틈새로 빠져나가며 스스로를 이상한 자세로 만들면서 그것을 이겨내려고 노력하는 것입니다. 만약 여러분이 그것을 한 번도 경험하지 못했다면 디지털 클라이밍 게임은 그저 벽에 매달려 오르락내리락 하는 것일 수도 있습니다. 그것의 진짜 재미는 파악하지 못 한 채로 말이죠.

뻬르뚜 해맬래이넨

일부 클라이밍 경로 설계자는 사다리 타기에 대해 경멸적으로 이야기하는데, 초보자용 경로가 사다리를 타는 것과 다를 게 없다고 말합니다. 그러나 초보자도 기술이 늘게 되면 복잡한 퍼즐과 놀라운 요소가 있는 경로에까지 도달하게 되죠. 최고의 클라이밍 경로 설계자는 세계를 여행하며 유명한 선수들을 위한 경로를 설계합니다. 게임의 레벨 디자이너와 마찬가지로 말이에요.

클라이밍 경로를 설계하는 것이나 골프 코스를 설계하는 것 등은 멋진 게임 레벨을 디자인하는 것과 많은 공통점이 있습니다. 모두 문제에 대한 여러 가지의 해결책을 가지고 있고 언제나 가장 최적인 하나의 답을 가지고 있지 않습니다. 플레이어들은 항상 더 좋은 것을 찾아내죠.

알토 대학에서 우리가 가르치는 것에 있어서 게임 기획자들을 위해 초점을 맞추고 있는 것들 중 하나는 동기 부여입니다. 어떤 종류의 경험이 사람들에게 보람이 있고 중요하며 만족감을 주는지 말이죠. 동기 심리학을 이해하는 일은 중요한 일입니다. 그 틀을 벗어나는 무작위 보상은 전리품 상자와 다를 바 없는 정도의 동기를 부여하죠.

우리는 게임 기획자들이 더 깊은 수준의 이해를 가지기를 바랍니다. 무엇이 인생을 만족스럽게 만드는지를 알고, 그 일부를 게임으로 끌어들이는 것까지 말입니다. 다른 중요한 주안점은 게임이 규칙과 메커니즘을 사용하여 어떤 식으로 만들어지는지에 대한 시스템 역학을 이해하는 것입니다. 그들에 의해 어떤 역동적인 행위가 일어날 것이고 그 경험이 얼마나 심미적인 것인가를요.

기획자는 기획 과정이 선형적이지 않다는 것을 이해해야 해요. 그것은 반복되는 과정을 통해 조금씩 완성되어 가는 거죠. 기획자들은 그들이 게임에 새로운 메커니즘을 추가했을 때 발생할 이벤트를 어떻게 예측할까요? 더 잘 예측할수록 테스트는 줄어들게 됩니다. 게임 산업에서는 애자일(짧은 주기의 개발-테스팅 과정을 반복해 결과물을 완성시켜 가는 개발 방법론) 기반의 반복되는 개발 과정에 대한 이야기가 많아요. 그러나 어떤 면에서는 우리가 아는 모든 것이 시도하고 실패하는 과정이라는 썩 유쾌하지만은 않은 사실일 뿐입니다. 우리는 시도와 지난 많은 실패 과정들을 통해 앞으로 나아가야 합니다. 여러분이 얼마나 예측을 잘 할 수 있는지가 가장 중요하며, 이는 기술과 연구를 통해 더 좋아질 수 있습니다. 미래에는 인공지능이 이 일을 점점 대체해갈 거예요. 기획자는 변수 하나만 바꾸고 수백만의 인공지능 플레이어가 테스트를 하면 결과를 즉각적으로 확인할 수 있게 될 겁니다.

데이터가 기획에 영향을 주는가?

뻬르뚜 해맬래이넨
저는 부분 유료화 게임을 제공하는 회사에서 일해본 적이 없습니다. 제 자신의 전문 기술은 예날의 콘솔 게임으로부터 기인합니다. 일단 게임이 준비되면 바뀌지 않죠.

게임을 위해 A/B 테스팅(A안과 B안을 준비해 각기 다른 그룹을 대상으로 테스트하고 승리한 안을 적용하는 방법)을 하는 회사에 있어본 적이 없어요. 그럼에도 불구하고 그것은 우리가 학생들에게 필히 가르쳐야 하는 부분이죠. 그러나 우리가 보여줄 수 있는 방향성은 AI가 테스팅 과정을 어떻게 도와줄 수 있느냐에 관한 것입니다. 그것은 근시일 내에 아주 큰 부분이 될 거예요.

예를 들면 시뮬레이션 플레이어 모델이 진행한 사전 테스트를 이용해서 A/B 테스팅을 줄일 수 있습니다. 이 플레이어 모델은 플레이어가 어떻게 행동하고 느낄 것인지 그리고 얼마나 동기가 되는지 등을 예측한 것입니다. 우리는 일반적으로 실험실에서 심장 박동 수나 발한 측정 등과 같은 결과로만 측정할 수 있던 합성 데이터를 얻을 수 있습니다. 지금도 최첨단 연구가 진행되고 있으며 저는 어떤 게임이 이를 실제로 이용하고 있는지는 아직 모릅니다. 그러나 많은 회사들이 이에 대해 관심 있어 하는 것으로 보입니다.

성공 요인

뻬르뚜 해맬래이넨

게임에는 잘못 될 수 있는 수많은 케이스가 있습니다. 다른 게임에는 없는 것들 그리고 정말로 새로운 것, 매력적인 디자인 등을 가져야 성공할 수 있습니다. 물론 그밖의 모든 것들도 합리적으로 잘 처리되어야 합니다. 하지만 "충분히 좋다"는 것은 어느 정도일까요? 이 기대치는 항상 높아지는 것 같습니다.

수퍼셀(Supercell) 게임과 같은 성공적인 모바일 게임을 살펴보면 모든 것이 잘 고려되어 있고 결함이 없습니다. 예전의 게임 업계는 이런 것에 있어서 더욱 관대했죠. 한 가지의 특별한 점이 있으면 나머지 부분은 썩 중요하지 않았습니다.

성공적인 스토리에 대해 생각해보면, 플래피 버드(Flappy Bird(2013), 탭하는 액션만으로 새의 높이를 조절해 장애물을 통과시키는 단순한 횡스크롤 게임)의 경우는 무작위적인 성공이었다고 말할 수 있습니다. 그러나 전염성이 무엇을 의미하는지를 생각해보면, 결국 성공은 반복될 수 있다는 것을 의미합니다. 한 기업이 매 순간 수백 명의 신규 유저를 모집해 게임을 보게 할 수 있습니다. 이 중 특정 비율은 게임을 다운로드하게 되죠. 페이스북 동영상을 예로 들어 보자면, 한 동영상을 재생한 사용자와 공유한 사용자의 비율은 상당히 당혹스러울 정도로 일정합니다. 어느 순간에는 점차 사그러들 것이지만 초기에는 참여율이 눈덩이처럼 불어나죠. 통계는 예측 가능하며 첫 날의 반응을 기반으로 그것이 얼마나 잘 될지를 예측해볼 수 있습니다. 그것은 무작위가 아니에요.

하지만 어떤 구성요소들을 어떤 방식으로 조합해야 사람들의 흥미를 끌 수 있는지에 대한 것은 무작위에 가까울 정도로 예측 불가능한 일입니다.

영감을 주는 게임 회사

라이네 까야쓰띨라
저는 정말로 직접 만들어보고 싶었던 가장 좋아하는 게임이 없다고 생각해요. 저는 어렸을 때 셀 수 없는 수많은 시간을 문명(Civilization)이나 그런 고전 게임을 하면서 보냈습니다.

뻬르뚜 해맬래이넨
저는 제가 일하고 싶은 곳이 어떤 종류의 게임 회사인지를 말할 수 있어요. 제가 바라던 사람들이 있었거든요. 저는 Journey(2012)를 개발한 Thatgamecompany 같은 회사에서 일해보고 싶었어요. 그들이 이전에 만든 게임들도 좋았죠. 게임 산업에서 가장 좋은 강의는 GDC 2014(Game Developers Conference)에서 제노바 첸(Jenova Chen)이 발표했던 Designing Journey입니다. 그 발표는 게임이 매체로서 성장한 배경과 부분적으로 Journey가 선두주자가 될 수 있었던 방법에 대해 보여줍니다. 이 게임은 단순한 경쟁력과 능숙함을 넘어서 더 큰 범위의 감정과 예술성을 담고 있습니다. Journey의 일원이 되었었다면 정말로 좋았을 것 같아요.
스포츠 게임 중에서는 Dance Central(2010)과 하모닉스(Harmonix, 뮤직비디오 게임들로 유명한 게임 개발사)는 정말 혁신적입니다. Dance Central은 컨텐츠가 움직임의 심미적 비전을 가져야만 한다는 것을 깨닫게 한 스포츠 게임의 아주 좋은 예죠. 그들은 레벨을 설계하기 위해 전문 안무가를 고용했어요. 우리의 지난 회사인 버츄얼 에어 기타(Virtual Air Guitar)에서는 그러지 않았죠. 우리는 그저 학교를 갓 벗어난 그룹이었기 때문에 경험이 많은 게임 개발 회사와 파트너가 되어야 한다고 생각했었습니다. 기본적으로는 댄스 게임이기 때문에 전문 댄서들을 어떻게 고용해야 하는지에 대해 이야기해보려 했지만 경험이 많은 게임 기획자들은 그들 스스로 춤을 춰본 적이 없음에도 불구하고 그들이 컨텐츠를 통제하고 예술적 책임까지 가져가기를 원했어요.

JUSSI KEMPPAINEN

유씨 껨빠이넨(JUSSI KEMPPAINEN)

출생　　1982년
현재　　Action Squad Studios의 게임 디렉터
대표작　Squad Command(FPS 게임), Retry

⭐　⭐　⭐

유씨 껨빠이넨은 핀란드의 엔터테인먼트 사업 영역에서 당당하게 르네상스맨으로 불리울 수 있는 사람입니다. 그는 뮤직비디오, 광고, 애니메이션 그리고 게임 영역까지 다양한 분야를 넘나들었습니다. 그는 세계를 뛰어넘어 다양한 창조적 임무를 수행했습니다. 노키아의 N-Gage용 대표 게임 중 하나인 Pathway to Glory(2004)의 3D 아티스트였으며, 후속작인 Ikusa Islands(2005)에도 참여했습니다. 그이후 Warhammer 40,000: Squad Command(미래 세계를 배경으로 한 턴제 전략 시뮬레이션 게임)의 수석 기획자가 되었습니다.

그 후 마음이 맞는 친구들과 Kombo라는 애니메이션 및 광고 전문 회사를 설립했습니다. 몇 년 동안 그곳에서 일하면서 수많은 단편 영화와 광고의 감독 및 프로듀싱 일을 하다가 갑작스러운 변화를 맞이하게 되었습니다. Rovio가 그 회사를 인수했고 껨빠이넨은 앵그리 버드의 일부가 되었습니다. 그는 원래 새로운 게임들을 제작하는 데에 투입되었지만 앵그리 버드 애니메이션 시리즈 및 단편을 제작하는 데에도 참여했습니다.

Rovio에서 수퍼셀(Supercell)로 옮겨 짧게 일했고, 그 후 특수 효과 기술로 경계를 허문 퀀텀 브레이크(Quantum Break, 2016)의 레메디(Remedy)로 옮겨갔습니다. 이후 그는 새로운 여정을 시작하며 PC와 콘솔용 신개념 전략 RPG 게임인 아이언 데인저(Iron Danger)를 개발 중에 있습니다.

경험에 관한 것 - 매체가 아닌

Kombo에 있는 동안 제게 있어서 게임들은 뒷전이었습니다. 그러나 Rovio가 우리를 인수하고 나서 부터는 회사 내의 프로토타입 부서가 되었습니다. 우리가 정말로 기획을 시작한 것이죠. 우리는 수없이 많은 새로운 컨셉, 게임 기획, 데모, 프로토타입을 만들어냈어요. Unity(대표적 게임 엔진 중 하나)를 다루는 방법을 배웠고 더 많은 것을 만들어내는 데 도움이 되는 다른 것들도 배웠습니다. 몇 년 동안이나 계속된 일이었어요. 계속해서 모든 종류의 게임들을 만들었습니다. 제가 작업한 모든 게임들은 Warhammer 40,000을 제외하고는 전부 모바일 게임이었어요.

Rovio 이후에는 탐페레(Tampere)로 옮겨갔습니다. 그 당시에는 영화로 돌아가고 싶었어요. 그 와중에 Supercell에서 잠시 일했습니다. 그러나 제 목표는 장편 영화를 만드는 것이었어요. 최선을 다해 일을 시작하기로 마음먹었지만 그 모든 모바일 게임들은 제게 약간의 씁쓸함을 남겼습니다. 전혀 게임을 만드는 것 같지 않았어요. 그런데 상황이 바뀌었습니다. 에스포(Espoo, 핀란드 우시마주에 있는 도시)의 레메디(Remedy, 맥스 페인과 엘런 웨이크, 팬텀 브레이크의 개발사)에 방문해달라는 요청을 계속 거절하다가 결국 그들의 사무실로 찾아갔습니다.

그들은 게임을 위한 특수 효과를 제작할 사람을 찾고 있었어요. Tampere로 가는 것 때문에 그들을 위해 일할 계획은 없었습니다. 그러나 저는 계속 그들을 방문했어요. 제가 본 것들이 제 마음을 흔들었거든요. 그것은 정말 굉장했어요. 물론 회사에 합류해야 했죠. 그 게임은 Quantum Break였습니다. 그 프로젝트라면 제 영화와 단편 작품에 대한 열정이 게임을 향할 수도 있을 것 같았어요. 플레이어에게 영화와 같은 경험을 제공할 수 있는 것이었죠. 그건 이전의 모바일 게임들과는 달랐어요. 작은 화면에 묶여 있지 않아도 되고, 원한다면 화면을 벽에 띄우고 게임에 푹 빠질 수도 있었습니다.

그 일은 제 마음을 돌려놓았습니다. 더이상 영화를 원하지 않게 되었습니다. 영화에 필요한 시간과 이야기들을 게임에 적용하고 싶었습니다. 저를 열화아 뮤직비디오으로 끌어들인 것과 같은 것이에요. 저는 이 경험을 사람들에게 제공하고 싶었습니다. 게임은 그저 다른 미디어일 뿐입

니다. 중요한 것은 그들을 열광시키는 것이죠. 제게는 사람들에게 그저 멋진 것을 보여주는 것
만으로는 충분하지 않았어요. 무언가 더 나은 것이 되어야만 했죠. 아마도 크게 힘들이지 않고
도 사람들을 즐겁게 하고 놀라게 하는 마술사가 되어줄 수 있을 것 같았습니다. 망토를 걸칠 필
요도 없고 무대를 날아다닐 필요도 없어요. 집에서 머물면서 그런 경험을 제공할 수 있으면 되
는 거죠.

플레이어를 사로잡기

저는 단순히 새로운 아이디어만을 위한 것에는 크게 관심이 없습니다. 저는 뭘 하든지 제일 잘
하려고 해야 한다고 생각해요. 새로운 아이디어는 항상 좋습니다. 누구도 반대하지 않을 거예
요. 하지만 멋진 게임을 만들기 위해 그것을 활용하지 않는 한 새로운 아이디어는 가치가 없습
니다. 콜 오브 듀티(Call of Duty) 시리즈를 예로 들어봅시다. 그 게임들은 바퀴를 재발명하지
않았습니다. 그들이 제공한 것들 대부분은 이미 만들어져 있던 것들이죠. 그것은 울펜슈타인
3D(Wolfenstein 3D)에서 무수히 봐왔던 것들과 동일한 것들입니다. 하지만 대신 그들은 품
질을 높였죠.

어떤 아이디어들과 컨셉은 게임에서 구현하기에는 매우 나쁜 것들도 있습니다. 그런 아이디어
에 기반해 프로젝트를 시작하는 일은 무의미한 일입니다. 시작부터 죽은 것과 다름이 없죠. 반
면에 그저 괜찮은 정도의 아이디어와 컨셉이 훌륭한 게임으로 거듭날 수도 있습니다. 멋진 작
업은 좋은 게임으로 이어지고 잘못된 출발은 잘못된 결과를 불러올 뿐입니다.

StudioMDHR의 게임인 컵헤드(Cuphead, 2017)도 좋은 예입니다. 대부분의 사람들이 그것
을 가리켜 새로운 아이디어라고 이야기하지만 결국에는 구현하는 것이 중요합니다. 결국 게임
을 만드는 것이니까요. 비주얼도 아닙니다. 대부분의 사람들이 시각적으로 처음 보는 것일지
라도 말이죠. 그것은 결국 이전에 만들어졌던 게임과 비교해 시각적으로 조금 더 아름다운 버
전일 뿐입니다.

Cuphead © & ™ StudioMDHR

플레이어를 계속 사로잡기를 원할 때에도 마찬가지의 것들이 적용됩니다. 새롭고 신선한 아이디어나 비주얼은 초반에 플레이어에게 다가가는 것을 도울 수는 있지만 그래픽은 그들이 계속해서 플레이하도록 만들지는 못합니다. 그것은 그 이상이어야 해요.

근래의 게임 기획자들은 사람들에게 아주 많은 관심을 쏟고 있습니다. 그들은 사람들이 게임을 플레이하기 위해 더 많은 광고를 보거나 돈을 지출하기 원하죠. 그리고 그 방법은 분명 효과가 있습니다. 그렇지만 저는 그 방식들이 스토리텔링보다는 인공적인 중독성에 집중하는 것이 마음에 들지 않습니다. 열번 더 플레이할 수 있는 하트가 충전되었다는 것을 알았기 때문이 아니라 플레이어들이 더 많은 세계와 스토리를 보고 경험하기 위해 돌아오는 것을 좋아해요. 그게 제가 좋아하는 것입니다. 저 혼자만 이런 생각을 하고 있지는 않을 거라고 생각해요.

그리고, 게임은 잘 만들어질 필요가 있습니다. 좋은 품질로요. 투박하고 플레이가 거의 분가능한 게임은 누구도 계속해서 플레이하지 않을 겁니다. 모든 사람들이 전부 매력적으로 느끼는 게임은 만들 수 없는 것이 사실입니다. 그런 것은 없으니까요. 장르를 먼저 선택해야 하고 다음으로 게임으로 충분히 만들 수 있는지 확신을 가져야 합니다. 그것이 플레이어로 하여금 여러분의 게임으로 돌아오도록 만들어줄 거예요.

부분 유료화 게임은 스토리 중심 게임과는 상당히 다릅니다. 둘 다 상황을 어떻게 진행시킬지에 대한 생각이 많이 들어가야 합니다만 대부분의 경우 부분 유료화 게임에서는 스토리가 중요하지 않습니다. 그것은 게임 플레이에 관한 거예요. 하프라이프(Half-Life) 같은 게임은 스토리가 중요하다고 생각할 수 있지만 실제로 스토리는 그저 배경일 뿐입니다. 여기에서 스토리는 중요하지 않아요. 실제로 플레이어를 돌아오게 만드는 중요한 요인은 게임의 세계관이죠. 그리고 그것과 게임 플레이, 게임의 품질이 결정적 요인입니다.

그러나 게임을 하려 할 때에는 장르도 중요하다는 것을 기억해야 할 겁니다. 여러분은 생계를 위해 거리를 청소하는 사람에 관한 아주 멋진 인디 게임을 만들 수도 있을 거예요. 그리고 우주 전사에 대한 멋진 게임도 만들 수 있죠. 우주 전사 게임은 시 공무원에 관한 절제된 게임보다는 시장에 진출하기가 훨씬 쉽겠죠. 옳거나 그른 건 없습니다. 팩트만 있을 뿐이죠.

내러티브(Narrative)

저는 스토리 중심적인 게임에 관해 많이 이야기했어요. 이것은 모든 게임이 스토리를 가지고 있어야 한다는 의미가 아닙니다. 앵그리 버드에는 스토리가 필요하지 않죠. 스토리가 게임을 나쁘게 만드는 경우는 거의 없지만 가능성이 없는 일은 아닙니다. 그리고 문명(Civilization)과 같은 게임은 게임을 플레이하는 과정에서 스토리가 나타납니다. 문명의 테크 트리는 어떤 면에서는 스토리입니다. 일부 전략 게임도 비슷하게 작동하죠. 저는 세틀러(Settlers) 시리즈를 좋아합니다. 그 게임에는 스토리가 있어요. 여러분은 꽤 자유롭게 이것저것 만들 수 있지만 여전히 게임의 분위기를 결정하는 설정들은 존재합니다.

그리고 심 시티와 시티즈: 스카이라인(Cities: Skylines)이 있죠. 저는 그것들을 정말 멋진 게임이라고 생각합니다. 메커니즘은 그 안에서 가장 중요한 것입니다. 그리고 그 게임들은 여러분이 게임을 계속할 마음이 들도록 정말 잘 만들어졌죠. 게임에 있어 적당한 종결 상태가 없기 때문에 실제 이야기는 결핍되어 있습니다. 그저 여러분의 성에 찰 때까지 플레이하면 되는 거죠. 어떤 특정한 지점에도 도달하지 않습니다. 그냥 자연스럽게 멈추게 되는 거죠.

저는 일부 게임 기획자들이 완전히 창발적 서사(emergent narrative)에 더 의존하는 것을 좋아한다고 확신합니다. 이야기를 직접 쓰고 말하기를 원하는 사람들이 있으니까요. 오드락(OddRok)에서 만든 게임들은 대개 그런 식입니다. 게임을 플레이하는 동안 플레이어는 자신의 이야기를 만들 수 있죠. 그 게임들은 무언가 암시를 할 수는 있지만 그 요소들은 정말 별게 아닌 것들입니다.

저는 클래시 오브 클랜을 만든 사람들이 스토리에 대해 많은 생각을 해봤을까 하는 의구심을 가집니다. 그들은 그저 망치질을 하고, 내러티브가 무엇인지에 대해서는 거의 신경 쓰지 않죠. 앵그리 버드도 마찬가지예요. 그것들은 기계 역학에만 집중합니다. 거기에 따라오는 스토리가 무엇인지는 중요하지 않죠. 그런 게임들에는 적절한 세계관이 없습니다. 그리고 그대로도 괜찮아요. 모든 것이 완벽하게 구현된 세계를 필요로 하지는 않으니까요. 플레이어로 하여금 자신의 이야기를 만들 수 있는 공간을 마련해뒀는지 아닌지는 중요하지 않습니다.

저에게 스토리가 없는 게임을 만들라고 하면 그건 어려울 거예요. 저는 이야기를 쓰고 싶습니다. 게임을 개발하는 데 도움이 되는 무언가를 배경에 넣어두는 편이 제게는 더 쉽거든요. 만약 아무 것도 없다면 저는 집중력을 잃고 말 거예요. 그리고 상실감을 느끼며 주위를 거닐겠죠. 프로젝트에 있어서는 잘 정의된 배경을 가진 편이 더 좋습니다. 어떤 게임에는 분명한 스토리가 있다고 해도 사용자들은 스토리에는 아무 관심도 주지 않고 그저 테트리스를 플레이하듯 게임을 플레이할 수도 있어요. 그렇다고 할지라도 기획자가 게임을 기획해나가는 것은 그 스토리에 기반합니다. 많은 기획자들이 그렇게 일할 거라고 확신해요.

지나치게 과장하기

여러분은 때로 지나치게 멀리 갈 수도 있습니다. 어떤 게임들은 스토리를 말하기 위해 플레이어가 게임을 컨트롤할 수 없을 지경으로 만들어 버립니다. 폴 아웃(Fallout)에서의 대화창이 좋은 예입니다. 그것은 플레이어로 하여금 마치 그들이 원하는대로 플레이어를 강제하는 것인양 플레이에 어려움을 느끼게 만들죠. 어떤 선택지도 여러분의 의지처럼 느껴지지 않죠. 겉보기에는 선택지가 많을지라도 말이죠. 그에 대해 짜증이 날 수 있습니다. 저는 제 의지와 다르게 움직이는 캐릭터를 플레이하는 것에 대해 그다지 신경쓰지 않습니다. 그렇지만 만약 여러분이 원하는 것과 같아 보이는 선택지가 있었고, 그것을 선택했는데 결과는 다른 것이라면 그것이 여러분을 짜증나게 만들 수도 있어요.

Fallout 4는 거대합니다. 실제로도 지나치게 거대하죠. 저는 거대한 게임 세계의 1인치까지도 샅샅이 뒤지려고 하고 모든 대화창에 귀를 집중하며 모든 컷신을 보려고 합니다. 그러나 그것은 지나칠 수도 있어요. 물론 그것이 조금 더 1차원적인 게임이었다면 가능했겠지만 이 게임은 그렇지 않아요. 이 게임을 다시 플레이할 가치는 엄청납니다만 저는 게임에서 더 일찍 중요한 결정을 내릴 수 있는 편을 선호합니다. 하지만 Fallout 4에서는 그것이 생각만큼 잘 되어 있지 않다고 느껴요. 저는 이와 매우 비슷함에도 불구하고 웨이스트랜드(Wasteland)를 무척이나 좋아합니다. 여기에서는 돌이킬 수 없는 결정이라 할지라도 일찍 그 결정을 내리는 것에 대해 별로 꺼려지지 않았어요. Fallout에서는 똑같은 것들이 저를 짜증 나게 합니다. 물론 매우 많은 멋진 컨텐츠가 있다는 것은 좋은 일이죠. 혹은 좋은 일이 될 수도 있습니다. 엘리트: 데인저러스(Elite: Dangerous) 같은 게임은 기본적으로 끊임없는 선택이라는 것에서 벗어납니다. 그러나 Fallout 같이 스토리가 있는 게임에서는 16시간짜리 영화에 대해 70유로를 지불하고 2시간만 보는 것과 같습니다. 물론 여러분은 전부 보고 싶겠지요. 여러분이 본 2시간 이외에도 수많은 특수효과와 섹스신이 있다는 것을 알 거예요. 저는 그것을 모두 보고 싶어요. 차라리 똑같이 70유로를 지불하더라도 1시간짜리 에피소드 16편을 담은 TV 시리즈를 보는 편이 더 좋다고 생각합니다. 페이스도 더 나을 것이고 컨텐츠를 즐기기도 더 쉬울 거예요. Fallout에서는 여러분이 누구와 동맹을 맺는지에 따라 다른 결말이 따라옵니다. 전부 보고 싶지만 세이브 파

일을 이용해 앞뒤로 왔다 갔다 하는 행위는 제게 있어 일종의 부정행위 같은 느낌이에요. 개인적인 견해입니다. 모두가 같은 생각을 하지는 않을 거예요.

퀀텀 브레이크

퀀텀 브레이크에 대해서 TV에서 어떤 일이 일어나는지는 그다지 말할 필요가 없다고 생각합니다. 저는 이미 게임이 훌륭하게 만들어져있는 시점에 팀에 합류했어요. 저는 시각적 특수효과와 관련 있는 팀에 피드백을 주고 몇 가지 지침을 내렸습니다. TV 시리즈를 통해서, 여러분이 일반적으로 액션 게임에서는 탐색할 수 없는 더 많은 것을 게임에서 보여줄 수 있게 되었다고 생각해요. 캐릭터들의 몇몇 액션들은 의미를 담고 있지만 게임에서 이를 충분히 보여주는 것은 어렵습니다. 예를 들면 침대에서 농담을 하거나 표정을 짓는 것, 혹은 더 복잡한 감정 등 말이죠. 최근에도 그런 일들은 제대로 해내기가 어려워요.

장단점이 있습니다. 더 미묘한 차이를 전달할 수 있어서 좋습니다만, 어쨌든 일반적으로 플레이하는 게임이기 때문에 원할 때 언제든 중지할 수 있는데다가, 매 에피소드마다 20분씩 자리에 앉아 있어야 하는 것은 썩 적합하지 않습니다. 메탈 기어 솔리드(Metal Gear Solid) 시리즈라 할지라도 이것은 문제예요. 저는 캐릭터들이 금속 물체 앞에 서서 그들의 과거 트라우마를 곱씹는 것은 그다지 즐기지 않습니다. 퀀텀 브레이크에는 그런 게 있었어요. TV 시리즈에서의 액션 신들 같은 경우는 게임과 비교되기 때문에 더 악화될 수 있습니다. TV 시리즈는 사람들 간의 상호작용과 더 세세한 것들 그리고 음모 등에 더 초점을 맞추는 것이 좋습니다. 게임에서는 플레이어가 액션을 경험할 수 있어야 합니다. TV 시리즈는 우리가 그다지 참견하지 않은 별개의 제작물처럼 느껴졌습니다. 스토리를 쓰는 팀에게는 다를 거라고 확신하지만 우리 특수효과 팀에게는 그랬어요.

좋은 게임 기획자 : 부분 유료화 게임과 프리미엄 게임

훌륭한 게임 기획자가 되기 위해서는 논리적 사고력을 길러야 합니다. 여러분은 그것을 가지고 있어야 해요. 그리고 서로 다른 구성요소들이 서로 어떻게 작용하는지를 볼 수 있어야 합니다. 그 일에 특별한 기술들이 있을지는 모르지만 이런 것들은 중요합니다. 여러분은 이런 것들을 연습해야 하지만 어떤 것들은 그에 적합하지 않습니다. 많은 pen-and-paper RPG(테이블 탑 롤플레잉 게임. 게임 마스터와 플레이어로 나뉘어 각 참가자가 캐릭터를 맡아 행동묘사를 하며 진행되는 게임) 게임 마스터들은 좋은 게임 기획자가 될 수 있다고 생각합니다. 그들은 주로 스토리를 말할 수 있어야 하죠. 문제 해결 능력도 필요합니다. 또 논리적으로 사건이 발생하고 플레이어가 할 수 있거나 또는 할 수 없는 일들을 정의하며 실행하고 성취할 수 있는 일단의 틀을 만들어낼 수 있어야 합니다. 그것은 공정하기까지 해야 하죠.

많은 게임을 플레이해보는 것도 도움이 됩니다. 무언가를 할 수 있는 여러 가지 방법을 엿볼 수가 있어요. 일부는 여러분에게 영향을 미칠 수도 있고 일부는 무시할 수도 있지만 다른 방식으로 그 분야를 공부하는 것보다는 더 많은 것을 배울 수 있을 겁니다. 모든 종류의 경험은 여러분에게 도움이 될 거예요. 다양한 게임을 플레이해봐야 여러분의 시야도 넓어질 테니까요.

물론 플랫폼마다 다른 접근 방법이 필요합니다. 모바일을 위한 게임 기획은 PC를 위한 게임 기획과는 전혀 다른 것이 될 거예요. 또, 부분 유료화 게임과 프리미엄 게임도 다르죠. 모바일은 부분 유료화 게임이 지배적이며 PC용으로는 월드 오브 탱크(World of Tanks), 리그 오브 레전드(League of Legends) 같은 부분 유료화 게임이 있지만 여전히 대부분은 프리미엄 게임들입니다.

제가 작업하고 있는 게임을 통해 저는 우리가 플레이어로 하여금 어떤 느낌을 가지기를 원하는지, 어떤 감정을 목표로 하는지에 대해 생각해보려 노력합니다. 리듬이 매우 중요합니다. 그것은 항상 일정한 높이일 수 없어요. 높고 낮음이 반복되죠. 힘들거나 고요한 순간이 지나면 그들이 다시 힘차고 흥분되는 감정을 느낄 수 있도록 만들어야 합니다. 그들로 하여금 "나는 정말 멋져! 나는 할 수 있어!"라고 느끼게 만드세요. 이와 비교하면 모바일용 부분 유료화 게임은

Iron Danger © Action Squad Studios

낚시와 유사합니다.

부분 유료화 게임은 미끼예요. 플레이어를 낚아서 지치게 하고 다시 풀어주는 거죠. 전체적인 움직임은 플레이어들로부터 돈을 빨아들이는 방법에 기반합니다. 1유로나 1달러 더 말이에요. 플레이어들로부터 수집된 모든 데이터들은 그저 그들이 제품을 얼마나 오래 사용하고 있는지, 이를 위해 얼마를 지불하고 있는지를 위한 도구일 뿐입니다. 그들이 다시 돈을 지불하는 데 얼마나 걸리는지, 그들이 언제 이탈하고 어떻게 더 오래 붙들어 둘지 말입니다. 그리고 여러분은 그들이 떠나지 않도록 메커니즘을 설계하죠. 원한다면 달콤함을 제공할 수 있지만 여전히 플레이어들을 빨아먹는 거예요. 거의 범죄처럼 느껴집니다. 이런 기획의 유일한 이유는 플레이어들의 주머니에 여러분의 손을 넣는 것이죠.

콘솔 게임이나 스토리를 가지고 있는 게임들은 마케팅을 활용하여 플레이어가 게임을 구매하도록 유도합니다. 하지만 그들이 게임을 구매하는 경우, 그들은 롤러코스터를 탄 거죠. 그리고 여러분은 그들에게 경험을 제공하는 겁니다. 우리는 우리 자신이 아닌 플레이어를 위한 게임을 개발합니다. 만일 우리가 모바일 게임을 만든다면 우리 자신을 위한 기획을 하겠죠. 모바일 게임을 통해 우리는 우리의 이익을 가장 잘 충족시킬 수 있는 방법에 대해 생각할 겁니다. 콘솔 게임은 플레이어를 겨냥해 그들이 경탄할 수 있기를 바랍니다. 하지만 모바일 게임은 투자자들을 경탄하도록 만드는 거죠.

모바일은 더 긴 몰입형 플레이가 어려운 플랫폼입니다. 물론 여러분은 아주 많은 시간 동안 클래시 오브 클랜을 플레이할 수 있어요. 하지만 이것은 전혀 다른 이야기입니다. 어쩌면 같은 이야기일 수도 있겠네요. 아마 사람들은 모바일 게임에도 자신들을 투자할 테니 경험의 유형을 고려하는 편이 더 좋을 거예요. 모바일에서는 영화 같은 경험을 제공하는 것이 어려웠다고 말하는 편이 더 나을 것 같습니다. 여러분은 PC나 콘솔에서 하던 것처럼 언차티드(Uncharted) 같은 블록버스터 게임을 모바일용으로 만들 수는 없어요. 증강현실이 이것을 도울 수 있습니다. "Virtual Reality Lite(VR 플레이어)" 같은 것들 말이에요. 증강현실을 이용하면, 여러분은 모바일의 작은 화면에 제약받지 않아도 됩니다. 모바일은 여전히 작은 화면을 가지고 있지만 과거와는 달리 그것이 곧 모든 세계는 아닌 거죠. 증강현실을 이용하면, 이 화면은 더 큰 우주를 탐험하기 위한 통로 같은 것이 됩니다. 저는 이것이 블록버스터들을 모바일로 끌어들이는 것을 도와줄 거라고 생각해요. 맞아요. 거대하고 엄청난 경험을 모바일에서 제공하는 일은 어려운 일입니다.

PC와 콘솔은 여러분들이 무언가 자그마한 것을 만들고 싶을 때에는 도전적인 플랫폼입니다. 물론 미니 게임들이나 여타 자그마한 것들을 담은 사이트들이 있지만 여러분은 PC나 콘솔 용으로는 진정한 타임 킬러인 피젯 스피너(한 손으로 반복적인 회전 동작을 하는 장난감) 같은 것은 만들 수 없습니다. 버스를 기다리거나 화장실에 앉아 있는 시간 같은 경우에는 즐기기 어렵기 때문이죠. PC나 콘솔을 켜는 데 걸리는 시간은 비주얼드(Bejeweled, 타일 매칭 퍼즐 게임)를 1라운드 플레이하는 시간과 같습니다. 앵그리 버드가 모바일에서는 훌륭하지만 PC에서 플레이하기를 원하는 사람은 거의 없죠.

게임을 죽이는 방법

프로젝트를 망가뜨리는 가장 좋은 방법은 자신이 하고 있는 일이 잘못되었다는 것을 인정하지 않는 것입니다. 만약 여러분이 그 행동의 결과에 대해 신경 쓰지 않는다면 여러분은 그 프로젝트를 망가트리게 되겠죠. 실수는 실수를 저지르는 게 아니라 수정을 할 수 있는 충분한 시간을 두고 좋지 못한 부분을 잡아내지 못하는 것입니다. 여러분은 문제를 파악하고 그 문제를 피해야 할 필요가 있습니다.

이미 하고 있는 일에 대해서는 최선을 다해야 하겠지만 애초에 중단하거나 시작하지 말아야 할 프로젝트를 판단하는 능력이 더욱 중요합니다. 물론 단순히 일을 잘 못 하는 사람들도 있을 거예요. 그렇다면 그것은 실력이 문제인 것이죠. 하지만 처음부터 시작하지 말아야 할 프로젝트들도 분명 있어요.

여러분은 지표에 대한 낮은 이해도 때문에 게임을 망칠 수도 있습니다. 우리는 Rovio에서 Retry(복고풍 횡스크롤 게임)를 개발할 때 당시 꽤 많은 데이터에 접근할 수 있었지만, 그것을 사용하지 않기로 했습니다. 데이터에 대해 그렇게 크게 생각해보지 않았어요. 모바일 게임이 잖아요. 데이터와 지표들이 그다지 필요하지 않았습니다. 여러분은 레벨 설계가 원하는대로 되었는지를 보기 위한 플레이 테스트를 위해 히트맵 같은 것을 이용할 수 있습니다. 이벤트 추적도 좋은 도구가 될 수 있죠. 그렇게 많이 사용하지는 않았지만 유용하다는 것은 알 수 있었어요.

신(God)급 게임들

저는 첫 번째 Fallout이 정말 마음에 들어요. 새로운 XCOM도 놀라울만큼 훌륭하죠. 그리고 Wasteland 2도 아주 좋아해요. 그 게임들은 정말 멋진 세계관을 가지고 있죠. 그것들은 정말로 잘 구현되었어요. 탐험하기에 아주 좋은 환경을 제공해주죠. 그리고 페이스 조절이 아주 좋아요. 템포 말이에요. 큰 주제와 진정한 서스펜스가 있지만 게임 플레이는 아케이드 스타일로 버튼을 두드리는 것이 아니죠. 세계와 상호작용하는 방법이 아주 잘 구축되어 있어요. 어떻게 진행하고 싶은지, 또 어떻게 문제를 해결할지를 생각하고 고민해야 하죠. Fallout은 실제보다 더 많은 액션으로 포장되어 마케팅되었을 수도 있습니다. Fallout에서는 여러분이 실행한 것보다 더 많은 것들이 일어나지는 않아요. 그러니 여러분은 내내 땀을 흘릴 필요는 없죠. 그 게임들은 나노 초(nanosecond) 안에 커맨드를 입력하도록 함으로써 여러분의 혈압을 높이지는 않습니다. 그들은 조금 더 미묘한 방식으로 자극을 주죠.

회사가 게임을 통해 배울 수 있는 점

많은 기업들이 자신들의 제품을 게임화(Gamification)하기 시작했어요. 온라인 상점도 참여하고 있으며 틴더(Tinder. 소셜 매칭 서비스)는 이미 해냈죠. 그것이 서비스를 개선하기 위해서인지 아니면 사람을 낚기 위해서인지는 확실하지 않습니다. 다만 확실한 것은 회사를 게임화하게 되면 고객들이 브랜드와 제품에 스스로 더 많은 시간을 투자하게끔 유도할 수 있다는 거죠. 저는 그것을 유용성을 향상시키기 위해서라기 보다는 조금 더 마케팅적인 계획이라고 생각합니다. 여러분이 특정 상점에서 얻는 포인트와 같은 것이죠. 그저 고객을 다시 방문하게끔 만들기 위해서인 겁니다. 만약 교육 환경에서 보너스 포인트가 사용된다면 그것은 좋은 방법이 될 수도 있습니다. 예를 들어 체육관에서 달리기 대회에 참가한다면 성취감을 얻을 수 있는 것처럼 말이에요.

대체적으로 저는 그것이 좋은 것인지 확신할 수가 없습니다. 여러분은 크게 더 나은 경험을 제공하지 않고도 사람들이 투자하고 참여할 수 있도록 만들 수 있겠죠. 그렇다고 그것이 틀렸냐 하면 그도 확신하지는 못하겠어요. 그리고 일부 보너스 포인트나 즐거운 성취감들은 그 뒤에 악의적인 목적 없이 제공되는 것일 수도 있다고 생각합니다.

LAURI KONTTORI

라우리 꼰또리(LAURI KONTTORI)

출생   1980년
현재   Lightneer의 크리에이티브 디렉터
대표작 Bounce Boing Voyage, Sumea Ski Jump, Shakira Love Rocks, Big Bang Legends

★ ★ ★

라우리 꼰또리는 1993년 핀란드 남부의 작은 마을 누멜라(Nummela)에 위치한 한 게임 샵의 영업 직원으로 게임 경력을 시작했습니다. 게임 산업에서 그의 첫 업무는 2003년 Rovio의 전신인 Relude라는 회사에서였습니다. 그곳에서 그래픽 디자이너로 일하면서 회사가 Rovio로 이름을 바꾸었고, 꼰또리는 게임 기획자가 되었습니다. 노키아 단말기용 게임인 바운스 보잉 보야지(Bounce Boing Voyage)를 포함

해서 많은 클라이언트를 위한 여러 게임들을 기획한 후에 유씨 껨빠이낸 및 다른 사람들과 함께 Kombo studio로 옮겼습니다. Kombo에 있는 동안 그는 많은 게임을 컨설팅했고 앵그리 버드 애니메이션을 제작했으며, Rovio가 Kombo를 인수한 후에는 Rovio로 돌아왔지만 이번에는 Level 11이라는 게임 프로토타이핑 조직을 이끌었습니다. 그 조직은 250여 게임 아이디어를 만들었으며 1년동안 30개의 프로토타입을 만들어냈습니다. Rovio를 떠나 새로운 교육 게임 회사인 라이트니어(Lightneer)를 설립하기 전에 꼰또리는 샤키라와 함께 Shakira Love Rocks라는 3 매치 퍼즐 게임을 기획했습니다. Lightneer에서 그는 빅뱅 레전드(Big Band Legends)라는 원소 주기율표를 기반으로 한 교육용 모바일 게임의 세계관과 캐릭터들을 책임졌습니다. 최근 그는 금덩어리를 찾는 재미나고 작은 캐주얼 게임들을 만들고 있습니다.

게이머에서 게임 기획자로

저는 어렸을때부터 게임을 좋아했어요. 게임 샵에서 일을 했었고 여러분이 떠올릴 수 있는 모든 종류의 게임 콘솔을 가지고 있었죠. 닌텐도, 세가의 메가드라이브 등요. 저는 여름 아르바이트로 게임 샵에서 일하기 시작했고 곧 주인보다 더 잘 팔게 되었죠. 바이어가 되어서 많은 수입업자들과 연락하기도 했어요. 게임 판매 비즈니스가 어떻게 움직이는지, 어떻게 돌아가는지, 무엇이 팔리고 무엇이 팔리지 않는지 등을 현실 속에서 배웠습니다. 때때로 비즈니스가 느리게 돌아가기 때문에 그런 날은 종일 게임을 했어요. 게임 샵을 떠나면서도 집으로 게임을 가져와 이어서 플레이했습니다.

게임을 기획하는 것이 꿈이었던 적은 없어요. 그에 대해서는 생각도 해보지 않았죠. 그저 어떤 게임이 좋은 게임인지 정도만 깨달았어요. 모든 다양한 게임들을 봐왔으니까요. 영화나 애니메이션도 아주 좋아했어요. 그래서 라티 디자인 학교(Lahti Design College)에서 영화 학교에 입학했습니다. 제가 일하던 게임 샵에 자주 놀러 오던 제 친구 니클라스 헤드(Niklas Hed)가 리루드(Relude)라는 그의 새 회사에서 여름 아르바이트를 제안했어요. 그는 그래픽 디자이너를 찾고 있었고 제가 그 일을 할 수 있다는 것을 알고 있었죠. 그래서 그는 제게 면접을 제안했습니다. 그와 그의 사촌 미카엘 헤드(Mikael Hed)가 그 회사에서 스키 점핑 게임을 만들었었는데, 그들은 제가 그 게임에 대해 어떻게 생각하는지, 어떻게 하면 그 게임을 더 낫게 만들 수 있을지에 대해서 질문했어요. 플레이어의 일은 버튼들을 사용해 점퍼의 균형을 잡는 것이었고 저는 그것이 편하고 쉬운 것과는 거리가 멀다고 생각했습니다. 그들에게 왜 한 손에 담배를 든 채로 그 게임을 플레이할 수 없냐고 물었어요. 그리고는 원푸시(one-push) 방식을 고안했습니다. 이미 다른 회사의 몇몇 게임에서는 채택하고 있는 방법이었죠. 그러나 저는 모르고 있었어요. 그때까지 모바일 게임을 해본 적이 없었거든요. 아무도 그런 방식을 생각해내지 못했다고 생각했었습니다. 다음 날 Niklas가 제게 전화를 걸어 합격 통보를 했어요. 제 첫 게임 프로젝트는 스키 점핑 게임 Sumea Ski Jump(2007)이었고, 다른 하나는 King of the Cabbage World(2003)라는 게임이었죠. 그것은 나중에 Sumea에 의해 Mole War라는 게임으로 발매되었어요.

Big Bang Legends © Lightneer

저는 꽤 빠르게 회사가 게임을 만드는 스타일에 변화가 생겼다는 것을 눈치챘습니다. 더이상 저의 열정이었던 캐주얼 캐릭터를 만들지 않았어요. 회사는 더 많은 하드코어 게임을 만드는 모험을 했고 시장의 다른 부분으로 진출하려고 노력했습니다. 적응해야만 한다는 것을 깨달았어요. 제게는 캐릭터가 전구를 던지고, 어둠 속에서 빛을 이용해 서로 다른 종류의 경로를 만들어내는 라이트맥스(Lightmax)라는 게임 아이디어가 있었어요. 그러나 그것은 캐주얼 게임이기 때문에 회사 내에서 제안할 수가 없었죠. 그 때는 사일런트 힐(Silent Hill, 1999)이라는 정말로 무서운 게임이 유명했어요. 그래서 저는 Lightmax를 호러 테마에 맞춰 바꿔놓았습니다. 사일런트 힐과 비슷한 스토리를 가진 다키스트 피어(Darkest Fear)라는 이름을 생각했어요. 사람들을 공포에 떨게 만든 첫 모바일 게임이었죠. 저는 고전 게임을 변형시키고 단순하게 만들 수 있는 기회가 있다는 것을 깨달았습니다. 그 때는 게임을 세 달에 하나씩 만들어내며 아주 많이 일하던 때였어요. 각 게임은 150여 개의 서로 다른 디바이스로 옮겨져야 했습니다. Rovio를 떠나기 전까지 약 13개의 게임에 기여했어요. 심지어 회사를 떠난 후에도 노키아의 Hip Hop Tournament 같은 프로젝트의 게임 기획 문서를 만들기 위해 고용되었습니다.

게임매틱스의 비전을 설명한다면

제 전문은 닌텐도 게임 같은 오래된 스타일의 캐주얼 게임입니다. 게임 플레이와 진행 상황을 표시하고 플레이어에게 영향을 주는 방법에 대한 아주 가볍고 단순한 솔루션 말이에요. 제게는 After Effects(Adobe 사의 시각 효과 제작 소프트웨어)를 사용해 만든 애니메이션과 게임의 조합인 게임매틱스라는 방식이 있어요. Love Rocks와 같이 게임 메카닉이 완전히 새롭고 참신한 경우 저는 이것을 사용합니다. 이것은 제가 테스트한 그래픽을 포함한 게임 플레이 영상이에요. 모든 것이 어떻게 동작하는지를 보여주죠. 저는 개발자와 팀에게 이것을 보여줍니다. 이 시점에 우리는 수많은 문제가 되는 부분을 발견할 수 있고, 새로운 게임매틱을 만들어낼 수 있죠. 코딩보다는 몇 배나 빠르기 때문에 제작 과정에서 실수를 저지르지 않아도 됩니다

여러분이 아이디어만 가지고 있을 때 참조할만한 것이 없다면 그것을 글로 표현하는 것은 어려울 거예요. 시각적인 스토리보드도 좋지 못한 선택일 겁니다. 각각 다른 이벤트에 대해 타이밍을 표현할 수 없기 때문이죠. 이 경우 게임 플레이에 대한 느낌에 의지할 수 밖에 없습니다. 캔디 크러시를 예로 들자면, 캔디들이 얼마나 빠르게 떨어져야 하는지 같은 것들 말이죠. 혹은 물리적으로 어떻게 움직여야 하는지를 보여줘야 합니다.

심금을 울리는 스토리

스토리는 기대치를 높이고 브랜드를 창출하는 데 있어 매우 중요한 부분입니다. 슈퍼 마리오가 가장 심플한 교과서적 예제죠. 게임 도입부에 공주가 친숙한 악당인 쿠파에게 잡혀갑니다. 마리오는 그들을 쫓고, 플레이어는 무슨 일이 일어나든 간에 진짜 임무가 공주를 구하는 것이라는 것을 알죠. 그것이 가장 쉬운 방법이면서 이런 류의 게임에서는 아마 가장 전형적인 예일 겁니다. 앵그리 버드에서는 돼지가 알을 훔쳐 가고 여러분은 그것들을 되돌려놓아야 하죠. 이런 것이 캐주얼 게임에는 완벽하게 들어맞습니다.

저는 항상 스토리가 더 큰 목표를 위한 것이라고 느낍니다. 이것이 플레이어의 무언가를 건드려 심금을 울렸으면 좋겠어요. 그것은 음악으로부터, 애니메이션으로부터 그리고 게임의 경험으로부터 찾아옵니다. 게임에 직접적으로 통합될 필요는 없어요. 그렇지만 가장 좋은 예는 종종 배경에 들어있습니다. 이야기는 애니메이션이나 컷신만으로 보여지지 않습니다. 그것은 배경 애니메이션을 포함한 모든 것들 안에 들어있어요. 그것은 게임의 미션을 보여주어야 하는 것이며 전체적인 느낌이기도 하죠.

한 가지 좋은 예는 Last of Us(2013)입니다. 이 게임은 멋진 컷신을 가지고 있으며, 임무를 시작하게 되면 그 임무가 정말로 스토리와 잘 어우러져 있다고 느껴지죠. 제 의견으로는 명백해요. 어디로든 갈 필요가 없는 직설적인 스토리가 좋을 수 있어요. Last of Us는 자유로운 세계를 가지지 않은 게임의 좋은 예입니다. 직설적이면서 한 가지에 집중하죠.

제가 여러 번 플레이하고 그만큼 실패할지라도 여전히 다시 돌아가서 플레이하기를 원할 겁니다. 그 게임은 저에게 깊은 인상으로 남아있어요. 가장 긍정적인 보존 메커니즘 중 하나는 명확하게 미래 지향적인 서사입니다. 플레이어는 자신이 어디에 있는지를 알고 다음에 무엇이 일어날지를 알고 싶어하죠. 영화에서도 기본적으로 동일한 것이 적용되지만 우리는 게임 부분만 통합하면 됩니다.

사로잡는 규칙

게임에 대한 과대광고는 언제나 환영받습니다. 플레이어는 게임을 시작하기 전 약간의 기대치를 가지고 있죠. 물론 사로잡기 위해서는 게임 자체도 좋아야 합니다. 어떤 게임도 처음부터 완벽히 만들어지지 않습니다. 모든 게임은 그 이전의 것을 반영하고, 그 중에서 좋은 부분을 가져다가 수정하는 것이죠. 만일 그것이 여러분이 생각하고 바라던 대로 무의식 속에서 작용하고 반응한다면 여러분은 그것을 계속 플레이할 거예요. 플레이어의 주의를 얻는 좋은 방법은 친숙한 컨셉을 새 아이디어와 섞어 놓는 거죠. 모든 것이 순조롭게 흘러간다면 플레이어를 낚는 데 5분 밖에 안 걸릴 겁니다. 그 시간 동안 여러분은 플레이어가 통제하고 있다는 환상을 만들어내야 하죠. 여러분은 또한 플레이어에게 목표를 주고 그로 하여금 더 큰 목표를 바라볼 수 있도록 만들어야 합니다. 게임이 과제들을 만들어내는지 아닌지는 중요하지 않습니다. 다만 첫 느낌은 "쉽고 재미있다"여야만 하죠. 이것이 그의 뇌에서 도파민을 분출하고 좋은 기분을 느끼게 만드는 겁니다. 게임은 아주 빠르게 과제를 제시해야만 합니다. "좀 더 플레이해본다면 이게 얼마나 재미있는지 알게 될거야"하고 말이죠.

최근의 모바일 게임들은 대부분 초반에 의무적인 튜토리얼을 포함하고 있습니다. 개인적인 견해는 조금 달라요. 만약 게임이 긴 튜토리얼을 가지고 있다면 게임이 너무 복잡하지는 않은지 그리고 너무 많은 것을 한순간에 제시하려는 것은 아닌지 의구심이 듭니다. 5분간의 튜토리얼은 모바일 게임에 있어서는 너무 길죠. 그것은 플레이어를 과수평가하는 것입니다. 그리고 게임의 가장 중요한 본질을 잊어버리게 만들 수도 있습니다. 발견하는 즐거움 말이죠. 플레이어를 게임으로 끌어들이고 첫 세션으로 사로잡아 그를 낚아낼 수 있나요? 그리고 나서 게임은 메타게임과 그 주변에 있는 더 복잡한 시스템들을 제시하기 시작하는 겁니다. 한 번에 쏟아지는 것이 아니죠.

모든 반응성과 진행 상황, 보상 시스템 이후에는 게임의 영혼을 만들어야 합니다. 저는 무언가 독창적인 것을 기획할 수 있어야 한다고 믿습니다. 그래픽이나 애니메이션 혹은 음악적으로도요. 플레이어는 더 많은 것을 보기를 원합니다. 인디 개발자들은 그런 감이 좋죠. 그들은 일반적으로 그래픽이나 게임 플레이에 대해 함께 논할 사람이 없습니다. 그들은 독창성을 쫓죠. 최고의 게임은 플레이어들 사이에서 불멸자가 됩니다. 만약 여러분이 어떤 새로운 것을 만들려고 한다면 플레이어는 그것에 끌릴 거예요. 저는 여러분의 팀이 독창적인 느낌의 게임을 만들려고 한다면 무언가 좋은 일이 일어날 거라는 것을 자신 있게 말씀드릴 수 있습니다. 예술가는 잘 나가는 게임들의 스타일을 따라 하고 싶어하지 않습니다. 지금이 적기예요. 예를 들면 모뉴먼트 밸리(Monument Valley, 2014)가 있습니다. 이 게임은 매우 개인적인 그래픽 스타일과 사운드스케이프를 가지고 있죠. 지금에 와서는 모뉴먼트 밸리와 비슷한 게임들이 많이 출시되었고 그것이 또 새 플레이어를 끌어들이기 위한 전략이 되었습니다. 게임의 모든 면이 항상 독창적이지만은 않아요.

사로잡는 측면으로 돌아가서, 핀볼 같은 고전적인 게임에서는 스스로를 이기는 것이 목표입니다. 플레이어들은 스코어를 기록하며 쉽고 재미있게 플레이하죠. 어느 순간 플레이어는 규칙을 익히고 깨달음의 단계에 도달하죠. 그 전까지는 게임은 그저 진부할 뿐입니다. 높은 포인트를 얻기 위해서는 규칙을 이해해야만 하죠. 플레이어가 처음으로 기준점에 도달하게 되면 그는 그 자신을 능가하고 싶어하게 됩니다. 그때 멋진 것이 등장하죠. 바로 순위표입니다. 그리고 물론 플레이어는 가장 높은 점수를 기록하고 싶어하죠. 그것이 도파민을 분출하게 하는 가장 큰 요인 중 하나입니다. 게다가 배틀 로얄의 기반이 되는 느낌이기도 하죠. 사회적 측면에서, 누군가를 이기는 느낌은 일종의 소속감을 느끼게 해줍니다. 저는 그런 것을 그리 좋아하지는 않았지만 그것을 존중하는 법은 배웠습니다. 여러분이 그 제품들 뒤에 감춰진 시스템 그리고 근래의 부분 유료화 전문가들이 그들의 게임 속으로 사람을 끌어들이는 방법을 이해하게 된다면 여러분은 겸손해질 거예요.

저는 스스로를 이기는 것에 대해 확고한 신념을 가지고 있었습니다. 즉, 제가 플레이어로서 터널 끝의 빛을 보기 위해서 8시간 동안 게임을 플레이했다면, 끝에는 엔딩 크레딧이 올라가고 불꽃놀이가 시작되는 거죠. 그런 면에서 저는 좀 구식입니다. 영화가 끝나면 집으로 돌아가야 하죠. 하지만 모바일 게임 산업은 바뀌었습니다. 게임은 결코 끝나지 않아요.

보위는 타협하지 않았다

게임에 관해 실수할 수 있는 것 중 하나는 너무 일찍 비전을 포기하는 일입니다. 사람들의 의견을 듣는 것은 중요한 일이지만 한 예술가가 게임을 만들었고, 그가 자신의 비전을 확신하는 사람이라면 스스로의 작품을 컨트롤할 수 있어야 합니다. 데이비드 보위(David Bowie)가 말했듯이 그는 타협하지 않았습니다. 타협했다면 그것은 보위의 앨범이 아니었겠죠. 앱스토어에는 수많은 게임들이 제공되고 거기에는 비전이 없습니다. 그것은 순수하게 비즈니스일 뿐이죠. 그러나 만일 여러분이 스스로의 독보적인 느낌과 이야기로 무언가 달성하기를 원한다면 그곳에는 대개 프로젝트를 이끄는 누군가와 믿을만한 비전이 있을 거예요. 여러분이 타협하기 시작한다면 그 사람의 동기는 파괴될 것이고 프로젝트는 미끄러지기 시작하겠죠. 거기에는 관련된 사람들의 다양한 아이디어가 있습니다. 모든 것이 게임에 다 적용된다면 아마도 프랑켄슈타인 같은 괴물이 되거나 덜떨어진 복제품이 되겠죠. 누구도 그 사실을 좋아하지 않습니다. 플레이어에게 값비싼 대가를 제공하더라도요. 반면에 기획자가 하기 쉬운 큰 실수 중 하나는 지나치게 자기 위주로 본인만이 이해할 수 있는 복잡한 게임을 만들고, 개발하는 동안에는 누구도 플레이하지 못하게 막는 것입니다. 모두가 게임을 테스트할 수 있도록 하는 것은 항상 가치가 있는 일이에요.

실패하는 게임 기획의 한 방법은 대상과 동떨어진 모델을 참고하는 것입니다 예를 들어, 인자 물리학 교육을 제공하는 게임인 Big Bang Legends는 6-11세의 아동을 주 플레이어로 삼았습

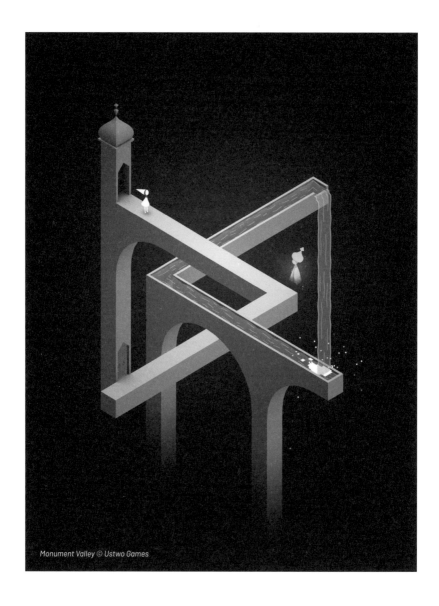

Monument Valley © Ustwo Games

니다.

이는 곧 플레이어의 상당수가 부분 유료화 게임의 결제를 승인받지 못한다는 의미이죠. 그렇다고 해서 교육 게임 안에 전쟁 게임 광고를 넣고 싶지는 않을 겁니다.

여러분은 대상 그룹에게 항상 주의를 기울여야 하며 그 청중들을 게임으로 끌어들여야 합니다. 우리는 일반적인 학습 게임 모델을 재설계해야 했어요. 아이들은 주로 부분 유료화 게임을 플레이하며, 그렇기 때문에 우리는 플레이어에게 친숙하게 다가갈 수 있도록 게임 내부에 비슷한 요소들을 넣어야 했습니다. 아이들은 게임을 정말로 좋아했고, 게임의 캠페인을 통해 원소 주기율표의 처음 다섯 개 요소를 배우게 되었습니다. 그런 의미에서 아주 성공적이었죠. 핀란드의 과학 센터인 헤우레카(Heureka)는 Big Bang Legends와 함께 큰 행사를 만들었으며 이는 아이들 사이에서 매우 유명해졌습니다. 저는 항상 게임이 다른 형태의 삶을 경험할 수 있다는 점을 즐겼던 것 같아요.

우리도 역시 실수를 했습니다. Big Bang Legends를 만드는 동안에 우리는 계획에 따라 타겟층을 위한 버전을 만들어야 했어요. 우리는 매 순간 컨셉을 바꿨어요. 게임을 만드는 동안 시장에는 계속해서 새로운 트렌드가 생겨났기 때문이죠. 우리의 게임은 대상 유저에게 어필할만한 그래픽을 가지고 있었고 수집할만한 환상적인 캐릭터가 있었어요. 그러나 몇 주 후에 플레이어가 돌아올 수 있을 정도로 충분히 매력적인 게임은 만들 수 없었습니다. 제가 이 프로젝트를 통해 배웠던 것은 게임이 충분히 일찍 발매되어서 플레이어들에게 흥미로운 컨텐츠를 제공할 수 있어야 한다는 거였어요.

제가 기획했던 가장 좋아하는 게임은 심볼링크(Symbolink)라는 게임이었습니다. 그것은 그리드에 보석을 넣어 보석을 맞추는 새로운 방식의 게임이었어요. 저는 제 어머니를 위해 그 게임을 기획했습니다. 제 어머니는 한 손만 사용할 수 있었기 때문에 어머니가 아무 문제 없이 그 게임을 플레이했을 때 무척 기뻤어요. 저는 그 게임이 신비로운 음악을 동반한 아름다운 퍼즐 게임이기를 원했지만 그것을 만드는 동안에 그 게임을 좀 더 캐주얼하게 만들기 위해 여러 개의 테마가 테스트되었어요. 저는 그 사실이 썩 마음에 들지는 않았습니다. 그러나 저는 인디 게임 회사에서 일하는 것이 아니었기 때문에 그것을 이해했습니다. 마케팅이 기획됐어요. 마케팅 담당은 플레이어가 이 게임에서 더 매력적인 것을 찾게 하기 위해 스프링보드가 필요하다고 결정했어요.

회사는 여성 유저를 찾고 있었고 당시에는 헐리우드 스타와의 콜라보레이션이 유행처럼 보였어요. 그래서 게임이 재조정되었고 그것이 바로 Shakira Love Rocks(2015)가 되었습니다. 그래픽 스타일은 게임이 캐주얼하며 플레이하기 쉽다는 느낌을 줍니다. 사실 그 게임은 팝스타 브랜딩보다는 더 복잡했고 몇몇 비평가들은 이런 게임의 전면에 팝스타를 가져다가 붙이는 것은 합리적이지 않다고 이야기했습니다. 어쨌든 이것은 게임 디자이너로서의 제게 중요한 수업이 되었어요. 우리 모두가 배웠죠.

게임 기획자의 자질

저는 스스로를 훌륭한 게임 기획자라고 생각하지는 않아요. 제가 어떤 사람이 되어야 할지를 더 고민합니다. 지금은 한 가지 장르는 잘 해요. 동료들은 제가 좋은 캐주얼 게임 기획자라고 말합니다. 고맙죠. 저도 그렇게 생각해요. 저는 제가 정말로 즐길 수 있는 일을 찾았다고 생각합니다. 게임 산업에 종사하고 있는 저를 받아들였어요. 게임 산업은 영화 산업과 비슷합니다. 정말 많은 장르가 있죠. 우디 앨런(Woody Allen)은 드라마를 만들지만 만약 여러분이 그를 퍼시픽 림(Pacific Rim)이나 다른 것들에 투입한다면 제대로 되지는 않을 겁니다. 기획자는 다른 사람들의 프로젝트와 재능에 대해 열광할 수 있지만 모든 걸 다 할 수는 없다는 사실도 받아들여야 하죠. 저 역시도 3D 그래픽에는 능하지 못하다는 것을 받아들였습니다. 저는 항상 새로운 것을 배울 수 있지만 제가 배우길 원하는 것이 무엇인지에 초점을 맞춰야 해요. 그리고 이것이 중요한 포인트입니다. 배우는 것을 주저하지 마세요. 제가 이 사업에서 공룡일지라도 저는 레트로 캐주얼 게임 이외의 것에 더 많은 관심을 가져야 합니다.

훌륭한 게임 기획자의 자질 중 하나는 더 많은 것을 배우고 스스로에게 그 일을 할 수 있는 기회를 주는 것이죠. 그리고 압박을 받는 팀 안에서 서로 다른 사람들로 구성된 팀원들과 함께 협업하는 능력이에요. 어떤 사람들은 매우 내성적이고, 어떤 사람들은 수백만 가지 아이디어를 가지고 있죠. 기획자는 여기에 그의 사교술을 사용하고 스스로를 올바른 방향으로 이끌며 팀의 의견에 귀 기울여야 합니다. 이것이 가장 중요한 기술이에요. 그래야 다른 사람들이 일 할 때 기분이 좋고 압박감 하에서도 숨을 쉴 수 있거든요. 기획자가 압박을 받고 있다는 것을 그들이 눈치챈다면 여러분은 무너지고 있는 겁니다. 모든 해답을 가지고 있을 필요가 없어요. 게임 기획자는 기획과 관련된 어떤 질문에든 대답하기 전에 항상 시간을 가져야 합니다. 저는 주로 기획 문제를 해결하는 데에 시간을 쓰죠.

또 중요한 한 가지는 게임을 대하는 사업적 관점을 알아야 한다는 것입니다. 물론 집에서 재미 삼아 게임을 만들 수도 있습니다. 그것이 게임을 더 나쁜 것으로 만들지는 않으니까요. 하지만 오늘날에는 비즈니스가 게임의 큰 부분을 차지하고 있고, 저는 뒤늦게 이 프로젝트가 돈을 벌기 위해서는 모든 팀원들이 공 위에서 발을 굴러야 한다는 것을 받아들였습니다. 비즈니스적인 관점이 충분히 일찍 고려되지 않는다면 끝내 그것이 게임을 너무 과하게 만들 수 있기 때문이죠. 그 결과 팀이 사용자를 끌어들이거나 인 앱 구매를 더 많이 일으키는 경향이 있는 일종의 불편한 요소를 만들게 됩니다. 만일 그것이 옛날 방식으로 마무리되었다면, 회사가 어드벤처 장편 게임을 판다고 가정해봅시다. 아마도 잘 팔지 못할 거예요. 여러분에게 필요한 오늘날의 비즈니스는 에피소드 베이스 모델과 잘 어울리는 것이거든요. 비즈니스 모델을 이해한다는 것은 게임 제작에 있어서 매우 중요한 부분입니다. 그것은 여러분이 좋은 혹은 나쁜 게임 기획자라는 것을 의미하는 것이 아니고 비즈니스적인 관점을 이해하는 것 역시 좋은 일이라는 의미이죠. 마찬가지로 여러분은 프로그래머일 필요가 없지만 커뮤니케이션을 위해서는 그들이 생각하는 방식과 기술적인 것들이 동작하는 원리에 대해 이해하고 있으면 좋을 거예요.

임팩트를 주는 게임

저는 게임으로부터 영감을 얻은 경험이 많고 그중 많은 것들은 순전히 즐기기 위한 것이었습니다. 하지만 게임 제작에 참여하고 싶다고 느낀 적은 없었어요. Triple A(마케팅 예산이 높은 중-대 규모 게임 제작사가 제작하여 발매하는 게임) 게임들의 제작 과정 다큐멘터리를 보는 것은 좋아하지만 아마도 그 과정에 참여하고 싶지는 않을 거예요.

앵그리 버드에 대해 언급해야겠어요. 저는 최근에 그 게임을 만들었던 회사를 떠났습니다. 그리고 그것을 만들었던 사람들을 알았죠. 앵그리 버드는 게임 업계에 아주 큰 영향을 미쳤던 멋진 게임입니다. 마치 닌텐도 같죠. 운이 좋게도 앵그리 버드 단편 애니메이션을 제작할 기회가 있었어요. 영향을 줬던 고전들에 대해 이야기하자면, 저는 항상 마리오 게임들을 좋아했어요. 슈퍼 마리오나 그런 것들이요. 슈퍼 마리오 월드는 아마 제가 만들고 싶었던 게임이었던 것 같아요. 여전히 그렇죠. 만약 누군가 제게 "새 마리오나 젤다 게임을 만들어보지 않겠어요?"라고 말한다면 지금 당장 비행기 표를 구매할 겁니다.

LAURI KONTTORI

KAROLIINA
KORPPOO

까롤리나 꼬르뽀(KAROLIINA KORPPOO)

출생   1984년
현재   Veikkaus의 프로듀서
대표작   시티즈: 스카이라인(Cities: Skylines, 도시 건설 시뮬레이션 게임)

까롤리나 꼬르뽀는 헬싱키에서 태어났으며 핀란드 역사상 가장 많은 다운로드를 기록한 PC 게임인 현대적인 도시 건설 시뮬레이션 게임 시티즈: 스카이라인을 기획했습니다. 이 글을 쓰는 동안에 400만 다운로드를 넘어섰습니다.

꼬르뽀는 시각 디자인을 전공했으며 그래픽 디자이너가 되기로 결심했었습니다. 공부하는 동안 그녀는 유니버소모(Universomo)라는 모바일 게임 회사에 게임 테스터로 취직했습니다. 게임 테스트를 한지 2년, 회사는 매각되었고 그녀는 탐페레에 있는 키 게임즈(Kyy Games)라는 인디 스튜디오로 옮겨갔습니다. 처음에는 그래픽 디자이너로 일했으며 점차 게임 기획자로서 더 많은 책임을 안게 되었습니다. 이후 클로살 오더(Colossal Order)에 게임 기획자로 입사해 Cities in Motion(2011), Cities in Motion 2(2013) 그리고 시티즈: 스카이라인(2015) 제작에 참여했습니다. 2017년에는 TED에 초대를 받아 "비디오 게임이 어떻게 도움이 될 수 있는가"라는 발표를 하기도 했습니다. 최근에는 Veikkaus라는 핀란드의 회사에서 게임 프로듀서로 일하고 있습니다.

무엇이 게임 디자이너로 이끌었는가

저는 기업 경영에 관심이 있어요. 저는 모든 세세한 각도에서 불평하는 완벽 주의자가 아닙니다. 그저 커다란 조각들이 서로 꼭 들어맞기를 바랄 뿐이죠. 저는 이 질문에 흥미를 느낍니다. 플레이어가 누군지, 그들의 경험은 무엇인지 등 수많은 종류의 게임들이 동시에 성공적일 수 있지만 모든 사람들을 위한 것은 아니죠. 일부 유저들에게는 특정 게임이 바로 원하던 것이 될 수도 있고 동시에 다른 어떤 사람들에게는 건드리기도 싫은 것일 수 있어요. 게임 기획자가 되는 일은 셰프가 되는 것과 같습니다. 항상 제가 가장 좋아하는 요리를 하고 있지는 않지만 많은 종류의 요리를 만드는 방법에 대해 이해해야만 하거든요.

플레이어 유치

제가 가장 중요하게 생각하는 것은 보상이에요. 어떤 보상을 받지 못한다면 플레이어들은 돌아오지 않을 겁니다. 몇몇 기획자들은 플레이어가 플레이를 제대로 하지 못한다면 벌칙이 있어야 한다는 생각에 빠집니다. 그러나 저는 그것이 그리 좋은 생각은 아니라고 봐요. 플레이어가 게임 도중 어떤 실패를 겪는다면 그건 그대로 이미 벌칙인 거죠. 플레이어는 조금 다른 방법으로 다시 시도해보라는 메시지를 받는 편이 낫습니다. 실수로부터 배우고, 또 보상을 받고, 그 패턴을 발견하는 것이 결정적인 거죠. 게이머는 게임을 시작할 때 그 게임의 목적에 대해서 관심을 가지고 있습니다. 그러니 우리가 게임 기획자로서 그들이 괜찮아하는지, 좀비 게임을 플레이하고 싶어하는지, 그것을 잘 하고 싶은지 등을 알아야 하는 거죠. 그러므로 우리의 임무는 플레이어를 도와 그 게임의 마스터로 만들어 주는 것입니다. 우리는 그들이 좀비 게임의 어떤 요소를 좋아하며 어떻게 플레이를 하는지 가르쳐줘야 해요. 그 학습 과정이 바로 열쇠죠.

지금 제가 기획하고 있는 시뮬레이션 게임에서 제가 생각하는 멋진 부분은 플레이어들이 어떻게 그들의 게임을 만들어가는지를 볼 수 있다는 것입니다. 디자이너로서는 생각해보지 못한 그들이 어떻게 패턴을 찾는지를 말이죠. 그리고 그것이 제가 하는 일의 본질입니다. 저는 놀이

Cities: Skylines © Paradox Interactive

터를 만들고, 가지고 놀 수 있는 장난감을 만들죠. 그리고 플레이어는 자유롭게 그곳을 탐험합니다. 우리는 거기에서 어떤 일이 일어나는지를 보는 거죠. 이 아이디어는 본질적으로 자유에 관한 것입니다. 플레이어는 이럴 거예요. "오 멋진데? 나만의 도시를 만들 수 있다고? 와우!". 잠재 고객이 아주 많은 이유는 여러분이 누구한테든 "어떤 도시를 건설하시겠어요?"라고 질문할 수 있기 때문이죠.

대부분의 사람들이 도시에 무엇이 있었으면 좋겠다는 생각을 가지고 있을테고 그들은 기본적으로 도시를 더 좋게 만들 아이디어를 가지고 있는 겁니다. 예를 들어 본인이 이용하는 버스 노선이 정말 엉망이라고 생각할 경우 완전히 다른 버스 노선을 만들 수가 있는 거예요. 그리고 이것은 무엇에든 적용될 수 있고 건드려야 할 부분은 아주 쉽게 찾을 수 있습니다. 반면에 만약 여러분이 밀리터리 슈팅 게임을 기획하고 있고, 사람들에게 "총을 쏘고 싶나요?", "악당으로부터 지구를 구하고싶나요?"라고 물어본다면 그렇게 많은 사람들을 끌어 모으긴 어려울 거예요.

이것이 스카이라인이 가능성을 열어 두어야 하는 이유입니다. 결국 우리는 플레이어가 게임을 할 때 떠올릴 서로 다른 아이디어를 모두 말할 수는 없으니까요.

스토리와 시뮬레이션

시뮬레이션 게임에서 스토리의 문제는 조금 더 까다롭습니다. 그렇지만 저는 그것이 매우 중요하다고 생각해요. 플레이어에게는 스토리가 필요합니다. 심지어 게임 자체는 아무 말도 하지 않지만 이곳에 여러분의 도시가 있고 날로 발전하고 있잖아요. 플레이어는 이 도시에 연결되어 있고 유대감을 느끼죠. 플레이어는 "여기에 내가 먼저 만들었던 구 시가지가 있고 지금은 새 지역에 대한 아이디어가 있어" 등으로 생각할 거예요. 특성들이 형성되기 시작하죠. 우리는 게임을 기획하기 전 몇 가지 선택을 해야 했어요.

아마도 그것은 Colossal Order의 설립과 관련이 있을 거예요. 회사의 아이디어는 일종의 도시 시뮬레이션을 만드는 것이었죠. 시뮬레이션 게임은 작은 팀으로도 만들 수 있으니까요. 컨텐츠는 플레이어들이 만들어가죠. 그리고 시뮬레이션이라는 장르는 장르의 왕입니다. 그 중 가장 잘 팔리는 것은 도시 건설 시뮬레이션이에요. 그래서 우리는 조사를 해봤고, 한동안 크게 성공한 새 도시 건설 시뮬레이션 게임이 없다는 것을 발견했습니다. 심시티는 10년은 더 지났어요. 그리고 이 장르가 유명하다는 것은 이미 알고 있었죠. 플레이하는 유저도 아직 많았어요. 그러나 당장 도시 건설 시뮬레이션 게임을 만드는 것은 우리에게는 너무 큰 프로젝트였기 때문에 Cities in Motion(2011)을 먼저 만들었습니다. 그리고 EA(Electronic Arts)가 새로운 심시티를 발매한다는 것을 공표했죠. 그래서 우리는 도시 건설 시뮬레이션을 만들 수 없을 거라고 생각했습니다. 새 심시티가 바로 우리가 만들려던 게임이었기 때문이죠. EA에게는 상대가 안 될 것 같았고 타겟 유저들은 비슷한 게임을 동시에 사지는 않을 것이 분명했어요. 그렇지만 새로 발매된 심시티는 여러 모로 심시티 답지 않았습니다. 이전 버전과의 본질적인 차이점 중 하나는 만약 여러분이 캐릭터가 걷는 걸 보고 그것을 클릭했다면 이름과 집이 있다는 사실 그리고 직업 등 그의 정보를 확인하고 그를 따라갈 수 있어야 합니다. 이 캐릭터는 출근했다가 집으로 퇴근하고 다른 장소에도 방문하죠. 그러나 심시티 2013에서는 이런 것들이 전부 사라졌어요. 그래서 캐릭터가 일단 집을 떠나면 가능한 첫 일터로 갑니다. 그리고 일과가 끝나면 그들이 돌아가면서 발견할 수 있는 첫 번째 집으로 들어가죠. 모든 게 다 신기루예요. 그들이 실재하는 것과 이 도시에 산다는 것 모두 사라졌어요. 플레이어로 하여금 이 사람들을 위해 도시를 건설한다는 마법같은 느낌은 사라졌습니다. 그것은 이론상 좋아 보이고 모든 것이 같은 논리로 동작하죠. 발전소는 전기를 만들어내고 그것은 전기를 필요로 하는 첫 번째 장소에 도달합니다. 집은 일꾼을 만들어내고 그 일꾼은 일을 할 수 있는 첫 번째 일터로 가죠. 아름답고 효율적이며 이해하기 쉽지만 그 뒤에 존재하는 세계를 잃어버린 겁니다. 우리는 놀이터에서 많은 이야기를 하지는 않지만, 그곳은 여러분이 필요로 하는 마법과도 같은 장소인 거죠. 그래서 저는 스토리에 아주 많이 심취했죠.

게임 기획자의 재능

게임 기획자의 가장 중요한 기술은 팀워크입니다. 여러분 자신만의 게임을 만드는 것이 아니라면 여러분은 팀의 구성원들과 함께 게임을 만들 것이고 모두가 그 게임에 대해 어느 정도 주인의식을 가지게 되죠. 모두의 아이디어가 멋지지는 않습니다. 그리고 멋진 아이디어라 할지라도 모두 게임에 이용될 수 있는 것은 아니죠. 그러나 저는 게임 기획자로서 팀의 다른 구성원들이 우리의 게임 컨셉을 그들 자신의 것이라고 생각하고 그 컨셉에 영향을 미칠 수 있다고 느낄 수 있도록 만들고 게임에 자부심을 느끼게 만들어야 하는 책임감을 가져야 합니다.

그리고 팀워크에 더해, 커뮤니케이션 또한 중요합니다. 당장은 최고의 게임 아이디어를 가졌을지라도 머릿속에만 있는 거죠. 설명하거나 글로 쓰고 순서도를 그릴 수 없다면 좋은 게임이 될 수 없습니다. 멋진 아이디어가 곧 멋진 게임은 아니라는 거죠.

기획의 결함

무엇이 좋은 게임을 망칠 수 있는가? 만약 여러분이 멋진 게임을 만들었지만 잘못된 방향으로 마케팅되고 있다면 그것은 기획의 결함으로 여겨질 수 있습니다. 제가 상점에서 정말 멋진 슈팅 게임이라고 생각하고 게임을 샀는데 막상 집에 와서 플레이를 해보니 도시 건설 게임인 거죠. 이 게임이 그리 나쁘지 않은 게임이라 할지라도 그것을 좋아하지 않을 가능성이 아주 큽니다. 이런 게임을 구매하려던 게 아니잖아요. 대체 이게 무슨 일이지? 하고 생각할 거예요. 그러니 적어도 마케팅은 어떤 게임이든 망쳐버릴 수가 있는 셈이죠. 다른 것은 여러분의 비전을 어떻게 유지하느냐입니다. 당장 현실의 예를 들 수는 없지만 많은 게임 시리즈와 부가적인 컨텐츠가 오리지널 게임을 변형시킵니다. 여러분이 어떤 게임을 수년간 만들었다면 "음 이거 점점 지루해지는데. 약간 변화를 줘 보자"라고 생각하기 쉽겠죠. 플레이어는 그것 역시 재미있게 즐길 거예요. 개발자가 지루하게 느껴지는 것이 꼭 플레이어에게도 지루하게 느껴지는 것은 아닙니다.

그런 현상은 어려운 레벨에서 종종 보입니다. 심지어 개발 팀은 그 게임을 수년이나 플레이했 잖아요. 개발 팀에게 아이 수준의 난이도라고 느껴지는 것이 일반 유저에게는 중간 수준의 난 이도일 가능성이 높죠. 개발 팀에게 난이도를 도전적이고 재미있도록 만들려면 실제 유저에게 는 엄청나게 어려울 겁니다. 매우 조심해야 할 일이에요.

그리고 여러분의 비전에 집중하는 것에 대해 한 가지 더 있어요. 저는 플레이어들이 게임에 대 해 아주 세세한 것들을 요청하는 것을 봤습니다. 만약 모든 포럼을 체크하고 유저로부터 시티 즈: 스카이라인에게 바라는 점을 수집할 수 있었다면 아마도 어떤게 회전 교차로인지를 결정 할 수 있는 기능이 들어가 있을 거예요. 그것은 그대로 나쁘지 않은 아이디어죠. 기획자로서, 우리의 게임에 대해 이야기하는 사람들을 이해해야 합니다. 그들은 게임 플레이에 있어 문제 를 겪었던 사람들일 거예요. 그런 문제에 봉착해있는 사람들은 포럼을 찾고 도움을 청합니다. 그리고 게임을 좀 더 잘 디자인할 수 있는 방법이 있다는 사실을 알리고 싶어하는 사람들이 있 죠. 그러니 여러분은 포럼에서 일반적인 플레이어들은 볼 수 없어요. 조용히 플레이하는 사람 들은 그대로 만족스럽게 플레이하거든요. 그들의 피드백은 포럼에는 있지 않습니다.

누군가 회전 교차로를 제어하는 기능을 생각해냈다고 해봅시다. 그것이 불가능한 아이디어는 아니지만 캐주얼한 플레이어들에게는 어떻게 이해시켜야 할까요? 이러한 생각이 우리가 이 게임의 기획에 기준을 정한 이유입니다. 예를 들자면, 이 게임은 심시티 2013보다는 더 하드코 어하고 시티즈 인 모션보다는 덜 하드코어합니다. 우리는 이런 기준을 정하기 위해 노력했고 마침내 현재의 규칙을 만들 수 있었던 거죠. 회전 교차로를 제어하는 아이디어를 이 기준에 적 용해봤을 때 이 아이디어는 캐주얼한 플레이어들에게는 지나치게 하드코어하다는 것을 알 수 있었어요. 포럼에서 대화를 나누는 헌신적인 플레이어들은 이 기능을 즐길테지만 그들은 대개 게임 모드를 사용하는 데 능숙한 사람들입니다. 가볍게 플레이하는 캐주얼 유저들을 위해 복 잡한 기능들은 너무 혼란스러울 수가 있죠. 심지어 회전 교차로를 제어한다는 것은 전체 교통 시스템을 방해할 수 있습니다. 플레이어가 차선을 잘못된 방향으로 회전시킨다면 게임을 망치 게 될 수도 있는 거죠.

기획해보고 싶었던 게임

아마 블랙 & 화이트 2가 그 중 하나일 것 같아요. 첫 번째 블랙 & 화이트는 멋진 게임이고 두 번째는 완전히 다른 방향으로 갔죠. 개인적으로 그것은 일부 핵심 유저들을 잃었고 크게 성공하지는 못했다고 생각합니다. 그 게임에는 흥미로운 부분이 아주 많이 있어요. 신과 같은 게임 중 하나죠. 추종자들이 있고, 사원이 있고, 마을이 있습니다. 그것은 도시 건설 시뮬레이션 게임과 비슷해요. 놀이터에서 플레이하는 것이기 때문에 저는 이 장르를 아주 잘 파악할 수 있었어요. 반면에, 업무는 업무일 뿐이고 저는 일을 잘 하고 싶지만, 제가 여가 시간에 플레이하는 그 게임들은 제 업무와는 거리가 멀어요. 저는 드래곤 에이지(Dragon Age), 매스 이펙트(Mass Effect), 심즈(Sims)를 플레이하는 것을 좋아합니다. 이런 프로젝트에 참여할 수 있는 것은 멋진 일일 거예요. 그 프로젝트들에는 각각 서로 다른 제약과 기회가 있죠. 저는 상대적으로 작은 회사에서 일했었어요. 만일 제게 300명의 개발자로 구성된 팀이 주어진다면 모든 종류의 것을 만들 수 있을 겁니다(웃음).

핀란드는 해결사들의 나라

핀란드는 인구 대비 가장 많은 특허를 보유하고 있다는 글을 읽은 적이 있습니다. 우리가 다른 나라들과는 다른 방식으로 게임에 노출되어 있는지 잘 모르겠어요. 저는 그저 보드게임에 대한 강연을 하고 여름 동안 핀란드 사람들이 전기가 필요 없는 별장에 가는 방법에 대해 이야기했을 뿐이죠. 그래서 그들은 아프리카의 별(보드게임)을 플레이하지만 그 대신 "오 TV에서 재미있는 게 나오고 있어!"라고 말할 수가 없는 거예요. 핀란드인들은 이런 환경에 노출되는 거죠. 또한 우리는 많은 전문 기술을 보유하고 있습니다. 저는 그것이 특허와 관련이 있다고 생각해요. 우리는 문제 해결사의 나라죠. 이와 관련한 재미있는 이야기가 있어요. 증명할 수는 없을 거라고 생각하고 사실인지도 모르지만 그건 별로 중요하지 않죠. 내용은 이렇습니다. 세상에 사람이 퍼지기 시작했을 때 세계의 끝에 처음으로 도착한 사람들은 핀란드의 혈통인 피노우그리아 어족(finno-ugric)이었어요. 그리고 우리는 첫 번째였기 때문에 무언가를 발명하고 문제

Cities: Skylines © Paradox Interactive

를 해결하는 데 가장 능숙한 사람은 우리들이었습니다. 이 사람들이 가장 큰 문제를 해결한 이후에 나머지 사람들이 오기 시작했어요. 매우 아름다운 아이디어였죠.

저는 핀란드의 게임 산업의 근본은 기술적인 전문성이라고 생각해요. 우리는 노키아나 그 이전의 기술 기반 회사들 덕분에 엔지니어의 가치를 소중히 여기고 있죠. 만일 누군가가 최고의 게임 아이디어를 가지고 있지만 아무도 개발하지 않는다면 결국 절대로 히트 게임이 될 수 없습니다. 또한 게임을 만드는 데 필요한 노하우도 필요해요. 그리고 핀란드는 사람들이 팀을 구성하고 그들의 기술을 이용해 데모를 프로그래밍하는 강력한 데모신이 있습니다. 이러한 게임 만들기 문화의는 그런 데모신과 회사들로부터 비롯됩니다. 그리고 우리는 이를 상업화할 수 있죠.

해리 크루거(HARRY KRUEGER)

출생   1980년
현재   Housemarque의 게임 디렉터
대표작   Nex Machina, Resogun

★ ★ ★

호주에서 태어나고 그리스에서 자란 해리 크루거는 수수께끼의 인물입니다. 그는 80년대와 90년대 초반까지 아케이드 게임에 열광했으며 아주 어렸을 때부터 게임 산업에 종사하기를 원했습니다. 그는 나중에 프로그래밍을 배우기 시작했으며 20살때 그의 첫 컴퓨터를 구매했습니다.

그는 오스트레일리아에서 프로그래머가 되기 위해 공부했으며 게임 업계에서 일하기 위해 일본으로 건너가 Q-Games라는 회사에 입사했지만 그가 작업한 모든 게임은 발매되지 못했습니다. 일본에서 아내를 만난 후 2008년에 핀란드로 옮겨와 핀란드에서 가장 오래되고 전설적인 게임 회사인 하우스마퀴(Housemarque)에 입사했습니다. 주니어 게임 플레이 프로그래머로서의 그의 첫 업무는 Outland(2011)라는 게임이었습니다. 다음에는 앵그리 버드 트릴로지(2012, 유명한 모바일 게임의 콘솔 포팅)를 그리고 대히트를 친 Resogun(2013)에 참여했습니다.

그는 그의 게임 기획 영웅 중 하나인 유진 자비스(Eugene Jarvis)와 협력해 Housemarque의 다음 타이틀인 Nex Machina(2017)의 기획 업무를 맡아 게임 디렉터가 되었습니다. 그 게임은 Housemarque 역사상 가장 높은 평점을 기록했습니다.

Nex Machina © Housemarque

기획의 철학 – 더 많은 것이 항상 좋지는 않다

저는 항상 직관적으로 행동하는 사람이었어요. 여러분이 어떤 느낌을 쫓고 있습니다. 여러분은 그 느낌을 달성할 색상 혹은 균형 등에 대한 정답을 모르고 있죠. 그러나 그 느낌에 맞는 값을 찾을 때까지 반복하는 거예요. 뒤늦게 제가 배운 몇 가지 교훈과 다르게 해낼 수 있었던 몇 가지 것들을 살펴본다면, 저는 근래에 제 게임 기획 철학이 두 단어로 요약될 수 있다고 수 있다고 생각합니다. 포용과 단순성이죠.

저는 복잡함 없이 깊이를 추구하려고 노력합니다. 그것은 아케이드 게임 철학이에요. 주워들기는 쉽지만 마스터하기는 어렵죠. 따라서 새 플레이어에게도 이용 가능하지만 만약 깊이를 찾거나 갈고닦기를 원한다면 정말로 찾을 수 있을 거예요. 경험이 부족한 기획자나 창조적인 사람들이 주로 불안감 때문에 하는 실수는 단순함을 수용하지 못하는 것입니다. 그 아이디어들을 순수한 본질까지 정제하는 데 집중할 수가 없는 거죠.

게임 플레이를 기획하는 것은 플레이어의 관심을 어디에 사용해야 할지를 결정하는 것입니다. 왜냐하면 여러분이 게임을 플레이할 때 여러분의 관심은 아주 한정된 상품이며 또한 가치 있는 것이기 때문이죠. 그것은 마치 그 상품에 10유로의 가치가 있고, 만일 그 전부를 한 가지에 전부 소비한다면 여러분에게는 옆에서 오고 있는 다른 것들에 보낼 관심은 남아있지 않은 것과 같습니다. 그것이 본질이에요. 항상 가장 적절한 것에 집중되는 플레이어들의 관심을 어떻게 사용할지를 아는 것 말이에요. 그들은 이 막대기 끝에 매달린 당근에 흥미를 느낍니다. 저는 플레이어들이 더 명확한 목표를 만들 수 있게 도울 수 있고 그들의 노력이 보상 받는 것처럼 느껴지도록 만들 수 있어요.

창조적인 사람들에게 자연스러운 절차는 더 많은 것들을 추가하는 것이죠. 나는 게임에 더 많은 스테이지를 추가할 거야, 나는 새로운 무기를 추가할 거야, 나는 RPG 요소나 다른 이야기를 추가할 거야. 그것은 세상에서 가장 쉬운 일이에요. 그냥 더 많이 추가하기만 하면 되니까요. 정말로 어려운 일은 그것들을 본질까지 정제해내는 일이죠. 여러분이 추가하는 것이 많을수록 그것이 개발자들을 산만하게 만들 수 있을 거라고 생각합니다. 정책이나 인력이 여기저기 흩어질테니까요. 그것은 플레이어까지도 산만하게 만들 수 있습니다. 플레이어의 관심이 얼마나 중요한지에 대해 다시 생각해보면, 만일 플레이어의 관심이 10개의 각기 다른 곳으로 분산된다면 결국 아무 것도 아닌 것이 되겠죠. 닌텐도와 같은 게임 기획의 마스터들을 보면 그들은 이 기술을 완성했어요. 그들은 게임에 필요한 모든 것을 갖추고 있고 그 이상의 것을 가지고 있지는 않습니다. 더 많은 것이 항상 더 좋은 것은 아니에요. 적을수록 좋습니다. 적지만 정제되고 세련된 것이요.

게임의 목소리를 듣기

기획자들의 전형적인 문제는 자아를 너무 많이 섞이도록 하는 것입니다. 궁극적으로 모든 회사에는 일종의 계층 구조가 있습니다. 주니어 기획자, 시니어 기획자, 수석 기획자 등 구조가 어떻든 모든 사람보다 높고 밝고 빛나는 궁극적인 권위는 게임 그 자체죠. 게임이 왕입니다. 게임이 무엇이 남아있을지 아닐지를 결정하죠. 여러분이 무언가를 게임에 넣으려고 시도한다면 게임이 말할 거예요. "그건 똥이야!". 게임에게 귀를 기울이세요.

그것은 또한 대인 관계의 불만이나 갈등을 제거하는 흥미로운 방법이기도 합니다. 프로토타입을 만들려고 노력하는 것이 종종 다섯 시간의 미팅을 가지고 다음주에 누가 무엇을 하는지 확인하는 것보다 빠르죠. 개발자, 그래픽 디자이너, 사운드 디자이너와 함께 세련된 프로토타입을 만드세요. 만들려고 하는 게임을 검증할 필요가 있고 그것을 게임이 결정하도록 하는 거죠. 여러분의 목소리로 그것을 덮어버리면 안 됩니다.

유저를 끌어들이는 방법

게임 플레이는 스크린에서 무슨 일이 일어나는지에 대한 것이 아닙니다. 게이머의 머리 속에서 무슨 일이 일어나는가에 대한 것이죠. 여러분은 도전 과제나 무언가를 달성하는 일 그리고 목표를 설정하는 과정 등에서 흥분하게 되는 두뇌의 어떤 부분을 활용할 수 있는 방법을 찾아내야 합니다. 이는 기획자로서 여러분이 플레이어를 위해 설정한 목표가 아니라 플레이어가 게임을 플레이할 때 바라보는 목표입니다. 그것들은 서로 같지 않을 수 있죠. 그 세세한 목표들을 설정하고 보상을 지급하는 반복적인 과정을 통해 플레이어는 막대기 끝에 매달린 당근을 지속적으로 쫓는 거예요. 플레이어가 그것을 달성하거나 혹은 적어도 달성하려고 시도하고 보상을 받는다면 그 반복은 계속될 겁니다. 핵심적인 게임 플레이는 극도의 만족을 필요로 한다고 생각합니다. 경험 그 자체가 보상이 되어야 하는 거죠.

통제력을 갖는 것 또한 중요한 일입니다. 만약 여러분의 게임이 스킬 기반의 게임 플레이에 의존적이고 플레이어에게 멋진 것들을 하도록 요구한다면 그런 일들을 할 수 있는 적절한 도구를 제공하는 것이 좋습니다. 컨트롤러는 기본적으로 플레이어와 게임의 중간다리입니다. 좋은 컨트롤은 게임 기획의 카메라와 같은 것이며 사실상 그것은 보이지 않습니다. 세세한 버튼들을 사용하거나 여기에서 어떤 버튼을 눌러야 할지 어느 방향으로 눌러야 할지 등에 대해 궁금해하면 안 되는 것이죠. 그것은 매끄럽고 직관적이어야 합니다. 게임 안에 여러분의 의식을 전달하는 것과 마찬가지예요.

많은 게임 기획자들이 도전하는 것을 피하는 것처럼 보이기 때문에 도전하는 일은 매우 흥미롭습니다. 그들은 플레이어들을 멀어지게 만드는 것에 대해 걱정할 수도 있지만 저는 그것이 플레이어들을 매우 애태우게 만들 수 있다는 것을 발견했어요. 저는 그들을 믿는 편을 선호합니다. 플레이어들이 유능하고 똑똑하며 실수로부터 배우는 것을 기꺼이 여기고 스스로 탐험할 의향이 있다는 것을 알아요. 도전 없이는 성취감도 없다고 생각합니다. 그렇기때문에 무언가가 필요하죠. 플레이어들에게 무언가 아주 성공적이었다는 느낌을 줄 수 있을만한 어려운 요소 말이에요.

스토리는 필요한가?

스토리는 게임을 만들 때 특정 유형의 경험을 만들어내기 위해 사용될 수 있는 일종의 도구입니다. 요즘에는 스토리와 좋은 게임 기획이 서로 떼어질 수 없는 것이 되었죠. 기술적으로는 모든 캐릭터들을 동그라미, 세모, 네모로 바꿀 수도 있지만 그렇게 해서는 완전히 같은 게임으로는 느껴지지 않습니다. 문맥이 사라질 것이기 때문이죠. 스토리는 좋은 게임 기획을 이끌어갈 수 있고 예술의 방향성을 이끌 수도 있으며 감정적인 영향력을 강화하거나 만들어낼 수도 있습니다. 스토리를 가지고 있는 것은 매우 중요한 부분이에요. 그렇지만 모든 게임에 있어서 동일한 중요도를 가지고 있지는 않죠.

Nex Machina에 있어서는 마치 아무 생각 없이 아무거나 폭발시키는 것처럼 느껴집니다. 어디 로봇이나 죽여볼까? 하지만 이 게임에는 영웅의 기원, 이 사람이 구하려고 하는 사람들은 누구인지, 로봇들은 어디서 왔는지, 왜 로봇들이 반란을 일으켰는지, 크레딧 이후에 무슨 일이 일어났는지, 또 여러분이 어떤 세계를 떠나는지 등 게임의 배경을 위해 많은 공이 들어갔습니다. 그 중 어느 것 하나 직접적으로 전달되지 않았지만 스토리는 세계를 구성해나가는 데에 확실한 도움이 되었어요. 모든 것이 거기에서부터 영감을 받았죠. 스토리는 게임을 위해 목표 설정을 제공하고 단단한 틀을 제공해줄 수 있습니다. 그것은 우리가 게임을 위해 만든 창의적인 상자예요. 플레이어의 제약과 자유를 알 수 있죠.

저는 스토리가 다시 좋은 게임 기획으로 돌아가고, 제약을 설정하는 것도 스토리의 큰 부분이라고 생각합니다.

기획의 결점이 좋은 게임을 망칠 수 있나?

저는 아이디어보다 그 실행이 더 중요하다고 생각하는 경향이 있어요. 여러분에게 지금까지는 찾아볼 수 없었던 최고의 환상적인 기획이 있지만 그 실행은 기획의 잠재력을 완전히 감소시킵니다. 더 단순한 디자인을 채택하고 세련되고 보람있는 실행에 초점을 맞추어 공을 들이는 것이 점점 더 많은 기획으로 부담을 주는 것보다는 나은 방향이죠. 형편 없는 실행력은 상처를 줄 수 있습니다. 저는 복잡도가 기획을 망칠 수 있다고 생각해요. 여러분에게 멋진 기획이 있고, 무언가 구현되기를 기다리고 있습니다. 어쩌면 유휴 시간이 생길 수도 있죠. 여러분은 방향을 잃고 땜질을 하다가 지루해질지도 모릅니다. "어쩌면 이것은 썩 멋지지 않을 수 있어. 여기 저기에 무언가 변화를 줄 수 있을 것 같아."라고 생각합니다. 그리고는 스스로 해결해야 할 문제를 만들어내는 부질없는 추격전을 계속 하게 되는 거죠. 여러분은 작아 보이지만 게임의 핵심적인 기획 아이디어의 무결성에 영향을 미칠 결정을 내립니다. 그리고 너무 많은 변경 후에는 처음의 멋진 디자인 아이디어는 더 이상 찾아볼 수가 없어지는 거죠. 그것은 다른 아이디어들의 끔찍한 혼종 속으로 사라져버린 겁니다. 그러므로 언제 선을 그어야 하는지, 어디에 초점을 맞춰야 하는지를 알고 이러한 과정을 덜어내야 합니다.

일반적인 과정은 가능한 한 빠르게 반복하고 빠르게 실패하는 것입니다. 새로운 전투 시스템에 대한 아이디어가 있다고 가정해보죠. 여러분은 큐브를 공격하기 위해 원을 추가할 거라고 생각합니다. 그리고 깨닫는 거죠. "아아, 뭔가 빠졌어." 여러분은 부질없는 추적을 다시 시작할 수도 그것은 너무 단순하다고 생각할 수도 있습니다. 여기에 RPG 시스템을 추가해볼까요? 아니죠! 차라리 애니메이션을 보완하는 데에 집중하고 효과에 신경쓰세요. 사운드 효과도 아주 중요하죠. 어떤 순서를 만들고, 프로토타입을 가지고 피드백 루프를 반복하면서 완전히 검사하는 거예요. 기본적으로 빠르고 의미 있는 반복이 우리가 가야 할 길인 거죠.

핀란드 게임 산업의 개방성은 독특하다

저는 수많은 컨퍼런스들을 돌아다녔고 전 세계에 걸쳐 매우 많은 게임 기획자들과 대화를 나눴습니다. 어느 날 제가 핀란드의 개방성에 대해 이야기를 했을 때(그들은 항상 꽤 놀라죠) 한 가지 일이 있었습니다. 다른 나라들은 사람들이 그들의 비밀이나 IP 등을 보호하는 것에 매우 열심인 것으로 보입니다. "이건 우리 거예요. 아무도 넘볼 수 없어요"라고 말하듯이요. 협동 정신보다는 경쟁이 더 중요한가 봐요. 핀란드에서는 마치 "네, 우리는 모두 함께예요"라고 하는 것처럼 느끼죠.

일부 사람들은 핀란드의 기후가 핀란드 국민의 사고와 행동에 결정적인 영향을 미치고 있음이 분명하다고 말합니다. 그것이 어떻게 그들을 더 창의적이고 생산적인 시장으로 이끌었을까요? 비슷한 기후를 가진 이웃 나라들이 있지만 사람들까지 똑같지는 않습니다. 이 주장은 여기서 깨지죠.

일본은 의례적인 나라

저는 일본에서 일했었고 여러분은 아마도 업무 문화나 일반적인 문화의 차이점을 정의할 수 있을 겁니다. 한 가지 차이점은 모든 것이 의례적이라는 것입니다. 그곳에는 모든 것에 대해 옳은 방법과 그렇지 못한 방법이 있죠. 팀이 조화를 이루기 위해 수많은 공을 들입니다. 집단보다 개인주의적인 것이 그리 많지 않습니다. 그것은 글자 그대로 다른 사람의 발을 밟지 않는다는 이야기죠. 그곳에는 1억 3천만 명이 살고 있고 땅의 70%는 산간지역입니다. 분명히 긴 역사,

사무라이와 부시도(사무라이의 도덕 체계) 그리고 전사의 방식에 영향을 받은 거죠. 그러니 일에 대한 명예로운 헌신과 기술에 대한 전념을 가지고 있는 것입니다. 회사에 가면 거의 가족과 같죠. 서로 아주 강한 유대감을 가지고 있습니다.

서양인들에게 영혼에 관한 것은 상당히 무거울 수 있습니다. 저는 핀란드에서는 모든 것이 조금 더 여유롭고 비형식적이라고 생각해요. 여러분은 IGDA(국제 게임 개발자 협회)나 다른 회사의 사람들을 만나기 위한 모임에 갑니다. 그곳에는 맥주와 NDA(기밀 유지 협약)가 있죠. 서로 10분 간 회사의 새로운 프로젝트에 대해 모든 것을 이야기합니다. 핀란드 사람들은 그것들을 공유하는 데에 부지런하죠.

가장 영향력 있는 게임들

제가 여러 면에서 게임의 기준이라고 받아들이는 많은 게임들이 있지만 그것들은 대부분 제가 게임 개발자가 되겠다고 생각하게 된 계기로 작용했습니다. 완성도로 닌텐도와 경쟁하기는 어렵죠. 젤다 게임들은 아마도 게임 산업에 있어서 가장 잘 기획된 게임일 겁니다. 그 중에서도 제가 가장 좋아하는 건 시간의 오카리나예요. 플랫폼 게임 중에는 슈퍼마리오죠. 최초의 슈퍼마리오와 세 번째, 네 번째 모두 저에게는 커다란 영향을 미쳤습니다. 메트로이드 프라임(Metroid Prime) 또한 제가 가장 좋아하는 게임 중 하나예요. 일본의 게임 기획 센스는 저와 잘 맞습니다. 파이널 판타지 7 같은 RPG 게임도 제게 큰 영향을 줬어요.

제가 만들어보고 싶은 게임이 있냐고요? 지난 10년 간 경험했던 가장 심오했던 게임은 플레이스테이션 3 시절의 데몬즈 소울입니다. 제게는 업계 전체가 헐리우드처럼 변해가려는 것처럼 느껴졌어요. 그것은 게임으로서의 면모를 잃어가고 있으면서 안전하지 않다고 느껴집니다. "우리는 우리 스스로 일어설 힘이 부족해. 우리의 형제인 헐리우드처럼 될 필요가 있을 거야"라고 말하는 것처럼요. 그래서 그 게임은 다른 모든 목소리들을 거스르는 거죠. 모든 수자와 통계를 무시하고요. 그들은 구식이지만 Triple A(AAA) 급의 게임을 만드는 데에 집중했어요. 이

것이 저를 깨웠죠. 그 게임의 파장은 오늘날까지도 느껴집니다. 지금은 "souls 같은" 게임 장르도 생겼어요. 그것은 Triple A(AAA) 업계에서 아주 크게 성공을 거뒀고, 우리에게는 여전히 그만큼 큰 예산을 투입해 지금까지도 가치가 있는 굉장한 경험을 만들 수 있다는 점을 상기시켜주었습니다. 그런 게임이 제가 만들어보고 싶은 게임이에요.

Resogun © Housemarque

SAKU LEHTINEN

싸꾸 레흐띠넨(SAKU LEHTINEN)

출생 1973년
현재 Remedy Entertainment의 크리에이티브 디렉터
대표작 맥스 페인 1-2, 앨런 웨이크, 퀀텀 브레이크, CrossFire HD: Operation Frost

★　★　★

베테랑 게임 기획자인 싸꾸 레흐띠넨은 그의 경력 대부분을 스토리 기반의 액션 게임 회사로 유명한 Remedy Entertainment에서만 쌓았습니다.

그는 1987년에 그의 첫 아미가(Amiga) 500 컴퓨터를 가지게 되었고 새로운 시각적 잠재력에 매료되었습니다. 그리고 레흐띠넨은 핀란드의 초기 해커 커뮤니티의 데모 그룹에서 활동했습니다. 그가 자국 내의 소매 유통 시장에 처음 선보였던 게임은 프로그래머 친구와 함께 만든 Bloody Afternoon(1989)이었습니다. 그는 1993년 헬싱키 공과대학에서 건축을 전공할 때까지 Amiga와 아타리(Atari) 그룹에서 가장 활

동적이었습니다. 그의 Atari 데모 그룹인 어그레션(Aggression)은 그때 PC 게임에 집중하기 시작했습니다. 그들은 1994년쯤 나중에 Housemarque가 된 게임 회사 블러드 하우스(Bloodhouse)와 함께 일했습니다. 1996년 경에 그의 팀은 다른 게임을 개발하는 중이었고, Future Crew PC 데모 그룹의 많은 친구들이 있는 새로 설립된 게임 회사 Remedy와 협력하기로 결정했습니다.

1997~98년에 공부와 대학 강의를 잠시 중단한 후 레흐띠넨은 1999년 초반에 게임 업계에 돌아왔습니다. 이 때에는 풀타임이었습니다. 그때부터 그는 Remedy의 모든 게임 프로젝트에 크리에이티브 디렉터, 아트 디렉터, 시네마틱 디렉터 혹은 레벨 기획자로 참여했습니다. Remedy의 Triple A(AAA)급 게임들은 1200만회 이상 판매되었습니다. 그에 더해 iOS, XBLA, Android 그리고 스팀(Steam)에서는 1300만 이상의 사람들이 Remedy의 디지털 게임을 다운로드받았습니다.

최신작인 CrossFire HD: Operation Frost(2018)은 6억 5천만 명이 사용자 등록을 했으며 동시 접속자 수가 최대 8백만 명에 이르기도 했습니다.

Sketch from Max Payne © Saku Lehtinen

경험을 창출하는 기술과 예술

1993년에 저는 대학에서 건축을 전공하고 있었어요. 게임을 만들기 위한 실용적인 선택은 아니었죠. 그것은 오랫동안 저의 소중한 취미였으며 우리 데모 그룹이 해온 멋진 일이기도 했어요. 우리는 항상 성공적인 멋진 게임을 만들기를 원했었지만 그것은 생계를 유지할 수 있는 일 같아 보이지는 않았어요.

고등학교에 다니는 동안 그리고 그 후까지도 저는 게임에 더해 많은 종류의 창의적인 예술에 관심이 많았습니다. 저는 학교의 잡지에 예술과 그래픽 디자인에 관련된 기사들을 기고하기도 했어요. 우리는 그룹의 친구들과 함께 많은 야심찬 아마추어 영화 프로젝트를 진행하기도 했죠.

그런데 건축은 저의 "진짜 경력"을 위한 최고의 선택지가 되었습니다. 기술과 예술을 접목시킬 수 있었으니까요. 건축의 공간성과 사용자 경험 요소 또한 흥미로웠습니다. 게임을 만드는 일에 전념한 이후에도 건축은 계속해서 취미로 남아있었습니다. 그리고 종종 게임 제작이 특정 측면에서는 저를 도와주기도 했죠.

저는 항상 무언가 예술이나 경험으로 바뀔 수 있는 복잡하고 기술적인 것에 끌렸습니다. 그리고 그 기술을 익히면 각 부분의 합보다 더 큰 것이 될 수 있죠. 매체가 무엇이든 간에 저는 그것이 기반 구조는 잊고 그저 즐길 수 있는 멋진 것을 목표로 해야 한다고 생각합니다. 멋진 영화나 혹은 멋진 책이 여러분을 또다른 단계로 이끄는 것처럼 멋진 게임도 그렇게 할 수 있죠.

영화같은 그리고 스토리 중심의 게임들은 실제로 시각, 글쓰기, 영화, 연극, 연기, 음악, 건축 등의 모든 예술을 포함할 수 있습니다. 그런 것들만으로도 끊임없이 저의 흥미를 끌었죠. 그러나 무엇보다 게임은 상호 작용하는 매체입니다. 그것이 게임을 나머지 것들과는 완전히 다른 것으로 만들죠. 그리고 게임을 제작하는 과정은 더 큰 도전이 될 수도 있습니다.

영화처럼 수동적이거나 주어지는 매체는 제작자가 더 쉽게 제어할 수 있는 경험의 사치 혹은 한계를 가지고 있습니다. 게임은 분명 "활동적인 매체"입니다. 가능한 한 플레이어에게 통제권을 쥐어 주죠. 그것은 기껏 해야 게임을 경험하는 사람들을 더 많이 끌어들이는 것이지만 그를 위한 게임 개발에 필요한 깊이는 훨씬 깊어지고 생산 가치가 계속해서 증가하기 때문에 더 어려워집니다. 그것이 제가 가장 좋아하는 부분이죠. 게임에서 유일한 상수는 변화입니다.

게임과 건축

저는 종종 다른 예술 분야 간의 유사성에 대해 생각해봤습니다. 예를 들면 대규모 건축, 영화나 게임 프로젝트 같은 것들 말이죠.

큰 규모의 건축 프로젝트에 대해 생각해보면 거기에는 종종 퍼블리셔, 대상 고객, 설계 목표, 기능성, 연구조사, 시제품 제작, 영감의 재료들, 사이트의 요구사항, 예산, 시간적 제약, 팀 관리, 사고, 기술적 현실성, 모듈성, 아웃소싱, 사전 제작 부품 등이 있죠.

사람들은 많은 불확실성을 다루어야 하며 합리적인 일정 내에 준비하기 위해 동시간에 많은 설계 문제를 해결해야 합니다. 돈, 품질, 시간 세 박자가 모두 맞을 수 있도록 지속적으로 고려해야 하죠. 보통 두 개만 선택할 수 있지만 때로는 둘을 바꿔야 할 때도 있죠.

도면을 이용해 많은 것을 하는 것이 좋습니다. 건설 비용은 비싸고, 오해와 사고가 일어나기 쉽기 때문이죠. 그러나 종종 아직 일부가 공중에 떠있는 상황에서 굴러가기도 합니다. 통제 바깥에 있는 많은 힘들이 결과물의 품질을 저하시키려 할 것이고, 때로는 고통 속에 많은 것들을 쳐내야 할 수도 있습니다.

그러나 끝내 경험과 팀워크를 통해 거침없고 기능적인 제품을 시간 내에 준비할 수 있기를 바라죠. 기억하세요. 저는 "건축"이라고 말했지만 그것은 게임에 관한 것일 수도 있습니다.

한계는 친구

한계는 기획자에게 있어 가장 좋은 것입니다. 그들은 프레임워크를 만들고 창의적인 해결책을 찾죠. 여러분이 적당히 야망을 가졌다고 가정하자면 추가적인 시간이나 자원을 얻는 것은 축복이지만 각 프로젝트의 막바지에 끊임없는 자원이나 시간이 더 필요하게 된다면 또 끔찍한 일이 될 것입니다. "준비됨"을 정의하는 것이 불가능해지죠. 그것을 알면 가장 보람있는 순간은 필요성을 미덕으로 하며 여러분의 이익을 위해 일하는 것을 제한하는 것입니다.

이에 대해 제가 가장 좋아하는 예 중 하나는 맥스 페인(2011)에서 스토리를 전할 때 사용하던 만화입니다. 우리에게는 전달해야 할 스토리가 있고 선택지가 있었습니다. 3D 애니메이션을 제작하는 것은 거대한 자원과 돈이 필요합니다. 90년대 후반에는 현실적인 선택지는 아니었어요. 만화를 이용하고 무거운 스타일을 사용해 적은 비용으로 독보적이고 기억에 남을만한 것을 만들어낼 수 있었죠. 선택되었던 매체는 우리에게 플레이어의 상상력을 제공해주었고 사람들은 이제껏 해왔던 것보다 애니메이션을 더욱 훌륭하게 시각화할 수 있었습니다. 누구도 그 만화가 싸구려라고 불평하지 않았어요. 그것들은 매우 상징적인 것이 되었죠.

Max Payne © Remedy Entertainment

암시의 예술

모든 것과 마찬가지로 게임을 만들다 보면 섬뜩해질 때가 있습니다. 기획자에게는 항상 음과 양을 이해하는 것이 매우 중요하죠.

때때로 무언가를 보여주는 대신에 보여주지 않고 암시만 하는 것이 더 흥미롭고 강력할 때가 있습니다. 만화의 예에서처럼 사람들이 게임을 위해 상상력을 끌어내도록 만드는 것은 항상 매우 멋진 일입니다.

그것이 제가 오디오 작업을 좋아하는 이유입니다. 만화와 마찬가지로 음악과 음향 효과는 감정적으로 강력한 힘을 가지고 있고 스크린이 꺼져 있을 때 정보를 전달할 수 있는 능력을 가지고 있죠. 앨런 웨이크(2010)에서 저는 작곡가인 페트리 아랑코(Petri Alanko)와 오랜 시간을 함께 보냈습니다. 우리는 항상 좋은 비즈니스 관계를 유지하고 있습니다. 그가 음악으로 감정을 전달하는 능력이 뛰어나다고 생각하기 때문이죠. 항상 숲에서 움직이는 이름 모를 종류의 공포가 있는 게임에서 이것은 매우 중요해요.

우리의 모든 게임에서 항상 다른 매체로부터 영감을 얻었습니다. 그 아이디어는 결코 다른 매체를 모방한 적이 없으며, 게임에서는 다른 접근 방법이 필요하기 때문에 모방할 수도 없습니다.

멋진 책이라도 그저 모든 장면들과 서사를 복제하는 것만으로는 좋은 영화가 될 수 없습니다. 일반적으로 가장 좋은 방법은 본질을 이해하고 그 테마를 게임에 맞는 모범 사례의 범위에서 적용하는 것이죠.

가장 명백한 예는 액션 장면에서 슬로우 모션을 사용하는 홍콩 영화의 전통입니다. 영화에서는 아주 멋져 보이지만 게임에서는 끔찍할 수 있죠. 우리는 그에 대해 아주 많이 시도해봤습니다. 매우 실망스러웠어요. 예전에는 그렇지 않았지만 지금은 분명해 보입니다 유익한 방법은 슬로우 모션의 선택권을 플레이어에게 주는 거였어요. 그랬더니 갑자기 그것은 척추가 떨릴 정도로 멋진 것으로 탈바꿈해버렸죠. 게임은 상호 작용하는 매체입니다. 이 점을 존중하는 것이 가장 중요해요.

스토리는 참여의 한 부분

Remedy는 항상 스토리 위주의 게임들을 만들어왔습니다. 이는 플레이어를 끌어당기는 결정적인 요소이며 회사의 DNA이죠. 물론 재미는 항상 동반되어야 합니다. 맥스 페인의 첫 인상은 무거워 보이는 액션 게임이에요. 두 개의 기관단총을 슬로우 모션으로 쏘며 현실로부터 탈출하죠.

그러나 이 과정에서 플레이어는 새로운 것을 발견합니다. 우리는 많은 사람들이 그저 재미로 총을 쏘는 것으로 시작했지만 끝에는 캐릭터들에게 관심을 가지게 되었다는 수많은 피드백을 들었습니다. 그것은 영화나 TV 쇼 혹은 책에서 성공적인 스토리텔링을 위한 열쇠입니다. 그런 것들에 대한 관심이 생길 때 비로소 적절한 의미를 가지게 되는 거죠.

스토리는 매우 다른 틀에서 동작할 수 있습니다. 아키 카우리스마키(Aki Kaurismäki) 영화의 미니멀리즘은 매우 잘 알려져있죠. 스타워즈의 시각언어처럼 말이죠. 그들의 스타일은 거의 비슷하지 않지만, 둘 모두 이야기를 전달할 수 있으며 우리가 관심을 가지는 캐릭터들이 있습니다. 그리고 그들만의 우주와 스타일에 쏙 빠져들게 하죠. 이 요소들은 보편적이면서 시간을 뛰어 넘어 한 매체에서 다른 매체로 옮겨갈 수 있기 때문에 매우 유용합니다.

그러나 게임에도 서사가 필요할까요? 테트리스의 예를 봅시다. 스토리가 있나요? 아마 없을 거예요. 그러나 우리들 인간은 이야기 중심적입니다. 러시아의 알렉세이 파지트노프(Alexey Pajitnov, 테트리스를 개발한 사람)와 다른 사람들에 의해 만들어진 그 게임은 완전히 추상적이며 컴퓨터에서만 작동할 수 있었습니다. 철의 장막 뒤에서 만들어진 미지의 게임이라는 이야기가 있었는데 80년대에 그것은 매우 기억에 남는 스토리였죠. 그렇게 아무 것도 없다면 사람들이 하나, 둘 만들어서 붙여줄 수도 있을 겁니다.

훌륭한 게임 기획자

훌륭한 게임 기획자를 뽑는 것은 어려운 일입니다. 적어도 저에게는 항상 팀의 공이 있었어요. 그리고 저는 게임이 영화보다 더 어렵다고 생각합니다. 영화는 확실히 감독의 매체죠. 물론 미야모토 시게루 같은 전설적인 사람들이 있지만 결국 혼자서는 할 수 없습니다.

게임들이 최근의 기술에 너무 의존적이고 프레임워크가 항상 변화하는 한 그럴 것 같아요. 게임은 사람들의 참여, 기술 그리고 여타 다른 환경 - 예를 들면 게임의 비즈니스 모델 - 들이 조합된 제품이죠.

게임은 또한 매우 광범위한 개념이며 새로운 영역과 플랫폼으로 계속해서 발전하고 있습니다. 지금까지 우리는 이미 수십 년에 걸쳐 여기에 와 있어요. 그리고 수십 년이 더 지났을 때 이 매체가 발전하는 것을 보는 일은 매우 흥미로울 것입니다.

훌륭한 게임 기획자는 그 기술에 대해 열정을 가져야 합니다. 복잡한 일들이 많기 때문에 경험과 노력이 필요하죠. 게임을 만드는 사람들이 사용하는 도구의 모든 범위를 이해하는 것이 중요합니다. 그리고 요령을 배우는 데에는 시간이 필요하죠.

디테일이 전체보다 중요할 수도 있습니다. 때때로 그것은 소리나 캐릭터 애니메이션, 컨트롤 혹은 응답 시간 또는 플레이어에게 흥분이나 좌절감을 줄 수 있는 몇 가지 자그마한 세부 사항으로 나타납니다.

좋은 게임 기획자에게는 게임이라는 우주의 기본 규칙을 이해하는 것이 필요합니다. 그리고 일관성 있는 세계를 만들어야 해요. 그러려면 더 큰 그림이 필요하죠.

분명 훌륭한 게임 기획자는 많은 종류의 게임을 플레이해 봤을 거예요. 그 사람은 장르의 관행을 알고 매체와 청중을 이해할 겁니다. 공감은 항상 모든 기획자에게 최고의 도구죠.

재미와 스타일의 균형

게임이 잘 돌아가고 플레이어의 정체성이 자연스럽게 확장되면 보통 플레이어는 자기 자신에게 가장 보람을 느끼게 됩니다. 플레이어는 게임이 그들을 공정하게 대한다고 느끼는 한 실패도 다룰 수 있습니다.

반면에 이곳은 또한 대부분의 위험이 있는 영역이기도 합니다. 만약 게임 기획이 어설프게 되었고 플레이어가 잘못된 컨트롤이나 알고리즘 등을 통해 공정하지 못함을 느끼게 된다면 그것은 종종 크나큰 좌절감이 되어 "분노의 이탈"을 만들 수 있습니다. 그러면 그 게임은 책꽂이에 꽂히거나 창고에 처박히고 결국 잊혀지게 되는 거죠.

제게 가장 유익했던 학습은 맥스 페인때입니다. 게임 스타일에 아주 신경을 썼지만 코어는 다소 현실적이었습니다. 적어도 애니메이션에 있어서는요. 슬로우 모션 상에서도 마치 영화처럼 좋아 보여야 했죠. 점프를 구현한 첫 번째 내부용 개발 버전에서는 사실주의를 표방하여 맥스가 점프하기 전 실제 사람이 그러하듯 살짝 무릎을 굽혔습니다. 보기에는 좋았지만 동작에 지연이 생겨 게임 플레이 시 점프를 하게 되면 거의 매번 죽는 문제가 생겼죠.

곧 우리는 현실적인 점프 대신에 마리오 스타일의 점프를 선택하게 되었습니다. 맥스는 버튼을 누르자마자 즉시 점프했어요. 그리고 맥스가 공중에 떠있을 때 플레이어가 움직임을 컨트롤하면 마치 플랫폼 게임처럼 매끄럽게 움직이기까지 했죠.

"통일된 게임 세계"의 관점에서는 현실적인 점프가 더 나을 것입니다. 그러나 스타일이라는 변명을 통해 컨트롤을 엉망으로 만들지 않는다면 플레이어가 함께 해줄 것을 기대할 수 있습니다.

조금 더 이야기하자면 게임을 완성한 후 몇몇 요소들이 게임 플레이어에게 독특하고 좋은 경험을 제공했다는 것을 확인하는 순간이 개발자로서의 저에게 가장 보람을 줍니다. 이게 제가 플레이어들이 공감하길 바라는 것이기도 하고요.

그때 중요한 부분은 올바른 균형을 찾기 위해 노력하는 일입니다. 만일 여러분이 매번 바퀴를 재발명하려 한다면 플레이어들을 소외시키고 불필요하게 스스로를 괴롭힐 수도 있습니다.

영감을 주는 게임들

제가 4살이었던 1997년 즈음에 이웃들은 오디세이 200 TV 비디오게임(퐁 게임의 카피)을 가지고 있었습니다. 핀란드의 TV에는 2개의 채널 밖에 없었고 누구도 VCR을 가지고 있지 않던 시대였죠. 당시에는 왜 그랬는지 이해하지 못했지만 그 장치를 통해 TV가 상호작용하는 기기로 변한다는 것은 제게 의아한 일이었습니다. 제어 수단을 바꾸고 TV에서 움직이는 자그마한 블록들을 보는 개념은 아주 매력적이고 마법같은 것이었죠.

그 이후로 컴퓨터나 게임 콘솔을 가지고 싶어하게 되었어요. 자라나면서 오디세이 2 같은 게임기가 있는 친구의 집에 자주 놀러 다녔고 8비트 컴퓨터의 시대 후반에는 MSX, Spectrum, VIC, Commodore 64와 같은 컴퓨터를 가진 친구의 집에 자주 방문했습니다. 또 80년대 초반은 닌텐도의 게임&워치(닌텐도 최초의 휴대용 게임기) 제품들이 크게 성공한 시대이기도 하죠. 저는 동키콩(1981)을 정말 많이 플레이했어요. 부모님을 설득하기 위해 최선을 다 했었음에도 불구하고 1987년에 마침내 아미가(Amiga) 컴퓨터를 가지게 되는 데 까지는 거의 10년이나 걸렸어요.

테트리스는 예전에 제가 가장 좋아하던 게임이었어요. 지난 몇 년 간은 캔디 크러시(2012)를 플레이했죠. 그것은 순수한 형태의 고전 게임에 있어서 우아하게 동작하는 게임의 아주 좋은 예입니다. 우리가 게임에게 바라는 대로 매우 매끄럽고 아름다우며 매력적으로 동작하죠. 그

Alan Wake © Remedy Entertainment

것은 올바르게 해내기가 매우 어려운 일입니다. 그뿐만이 아니에요. 유료화의 장벽 없이 아주 오랜 기간 수익률 상위에 머물 수 있는, 보편적으로 즐길 수 있는 부분 유료화 게임을 만드는 것은 아주 큰 성과입니다. 말할 필요도 없이 핀란드 수퍼셀(Supercell)의 게임들은 그런 특성들을 가지고 있는데, 존경할 수밖에 없습니다.

수많은 다른 유형의 게임들도 저의 심금을 울렸는데 첫 번째로는 던전 마스터(1987)가 떠오릅니다. 그것은 판타지 장르, 동굴 탐험, (가짜) 3D 게임의 시조와도 같은 게임이죠. 멋진 것을 하게 되는 가장 확실한 징후는 계속해서 생각하는 거였어요. "제길! 이런 멋진 것을 만드는 데에 참여하고싶어". 몇 년 후 혼자가 아닌 제 자신을 발견했어요. 아마도 맥스 페인의 3D 엔진 프로그래머인 페트리 해키넨이 게임에 더 집착했을 겁니다. 2004년에 우리는 던전 마스터에서 영감을 얻은 비상업적 프로젝트 Escape from Dragon Mountain을 완성했어요. 후에 페트리는 Almost Human이라는 인디 게임 회사의 공동 창업자가 되었고 Legend of Grimrock(2012, 2014)의 성공으로 명맥을 이어갔습니다.

1인칭 슈팅 게임 중에는 듀크 뉴켐(1991)과 배틀필드 시리즈를 좋아했습니다. 배틀필드 시리즈 중에는 배틀필드 1942(2002)를 아주 많이 플레이했어요. 멀티플레이어 게임이 가장 재미있었지만 리그에서 플레이하는 것이나 이런 종류의 게임을 잘 하게 되는 것은 아주 많은 노력이 필요합니다. 그래서 지난 10년 간은 다른 장르의 게임에 더 끌렸어요.

저는 빌더나 전략 게임들에 대해 편애하는 경향이 있어요. Carrier Command(1988)는 어린 시절 제가 가장 좋아하던 것이었죠. 시대를 고려해보면 그것은 정말 걸작이었어요. 진짜 3D 그래픽과 풍부한 자원 관리를 포함한 멋지고 깊은 액션 게임 플레이를 가지고 있죠. 저와 같은 건축가들이 좋아한 또다른 게임들은 심 시티(1989)와 조금 더 나중에 나온 비슷한 게임 시저(Caesar) III(1997), 파라오(Pharaoh, 1999)가 있습니다.

Gas Powered Games의 게임 Supreme Commander: Forged Alliance(2007)는 아마도 지난 10년 간 제가 가장 많이 플레이한 게임일 거예요. 그리고 아직도 가끔 플레이하고 있습니

Max Payne © Remedy Entertainment

다. 공식적으로 중단되었음에도 불구하고 Forged Alliance Forever라는 훌륭한 온라인 커뮤니티가 있죠. 그것은 여전히 제가 아는 최고의 실시간 전략 액션 게임이에요. 멀티 플레이어 게임에서 다른 사람들과 게임을 하면서 군대, 자원 및 제조를 지속적으로 관리하기 위해서는 아주 많은 기술이 필요합니다. 제가 그 게임을 아주 많이 플레이하지 않는 이유는 시간이 부족하기 때문이에요. 제가 책임감 있는 부모가 되는 데 있어서 긍정적인 요소는 아니지만, 그래도 긍정적인 측면은 제 아홉살 된 딸과 함께 행복하게 마인크래프트(2011)를 플레이할 수 있다는 거죠.

TOUKO
TAHKO
KALLIO

또우꼬 따흐꼬깔리오(TOUKO TAHKOKALLIO)

출생   1981년
현재   수퍼셀의 게임 기획자 겸 게임 리드
대표작 헤이 데이, 붐 비치, 이클립스

★ ★ ★

또우꼬의 첫 번째 꿈은 물리학자였습니다. 그는 헬싱키 대학에서 입자 물리학으로 박사 학위를 받았으며 캐나다의 빅토리아 대학에서 박사 후 과정을 수료했습니다. 어린 시절 그는 열정적인 보드게임 플레이어였으며 보다 전문적인 접근 방식을 취할때까지 친구들과 함께 보드게임을 만들었습니다. 따흐꼬깔리오는 그의 회사에서 첫 번째 보드게임을 출시한 이후 더 큰 회사에서 프리랜서 게임 기획자로서 일하며 10개가 넘는 다른 종류의 보드게임을 만들었습니다. 그의 가장 유명한 게임에는 은하 전략 게임인 이클립스(2011)와 고대 사원을 배경으로 한 퍼즐 게임 이니그마(Enigma, 2012)가 있습니다.

2012년에 핀란드의 게임 스타트업인 수퍼셀의 친구들은 당시 페이스북 게임을 만들던 그 회사를 도와줄 수 있도록 그를 설득했습니다. 따흐꼬깔리오는 수퍼셀에 합류했고 그의 첫 직무는 수퍼셀의 전세계적인 첫 히트작 헤이 데이(2012)를 기획하는 것이었습니다. 그의 다음 기획은 또다른 히트작인 실시간 전략 게임 붐 비치(2013)였습니다. 이후에는 브롤스타즈(2017)를 탄생시켰습니다.

Boom Beach © Supercell

게임 기획자가 된다는 것

저는 항상 게이머였어요. 그러나 저를 자극하는 것은 그것의 창의적인 측면이며 게임을 만드는 데 수반되는 도전이라고 말하고 싶어요. 제가 직업으로서 사랑하는 과학과 비교해보면, 과학은 저를 항상 만족시키지는 못했습니다. 그것은 게임을 만드는 것만큼 창의적이지는 않았죠. 과학에서는 해결책이 하나뿐인 문제들을 해결하죠. 게임은 좀 더 예술에 가깝습니다. 관심사가 무엇이든 간에 선택할 수 있고 그것을 게임으로 집어넣을 수 있죠. 저는 게임의 그런 면이 정말 마음에 듭니다. 제게는 정말로 중요한 게임인 카탄의 개척자(Settlers of Catan, 1995) 같은 게임이나 푸에르토리코(Puerto Rico, 2002) 등의 게임을 플레이할 때 그것들은 저로하여금 게임으로 할 수 있는 멋진 것들을 깨닫게 해주었어요. 그 게임들은 제가 새로운 게임 기획에 대해 지속적으로 생각하도록 이끌었죠. 어떻게 이런저런 것들을 게임에 넣을 수 있을까 하는 생각들 말이에요. 저는 그런 생각에 오랫동안 중독되어 있었고 수많은 것들을 기획하고 프로토타입을 만들어내어 테스트했습니다. 정말로 재미있었어요. 그리고 보드게임은 어느 게임 기획자에게나 기술을 연마할 수 있는 훌륭한 놀이터라고 말하고 싶습니다. 하루만에 프로토타입을 만들고 테스트까지 해볼 수가 있죠. 게임이 잘 동작하지 않는다면 버리고 다시 시작할 수도 있어요. AAA 급의 콘솔 게임같은 크고 무거운 프로젝트처럼 몇 년 간 갇혀 있지 않아도 되는 거죠. 쉬운만큼 빠르게 배울 수 있고 수 회에 걸쳐 다른 많은 것들을 시도해볼 수 있습니다.

기획 절차

무엇을 달성하려고 하느냐를 정의하는 것으로 시작할 수 있습니다. 그리고 그것을 어떻게 해결할지를 생각해보는 거죠. 게임을 만드는 데에는 여러 가지 이유가 있을 수 있어요. 다양한 동기가 있을 수 있지만 그것들은 모두 출발점이 되어 주죠. 그리고 출발점은 매우 중요합니다.

게임을 만들기 시작할 때 고려해야 할 점 중 하나는 그 게임이 멋진 게임 플레이 메커니즘을 기반으로 하는 것인지 아니면 멋진 테마를 만들려고 하는 것인지입니다. 테마인지, 메커니즘 인지로 분류해볼 수 있는 거죠. 그것들은 일반적으로 시작점이 됩니다. 세 번째 선택지는 특정 부류의 사람들을 위한 게임을 만드는 거예요. 결국 시작할 때 고려해야 할 점은 세 가지가 되는 거죠. 그것들 모두 똑같이 흥미로울 수 있어요. 저는 보드게임을 만들 때 이 모든 것을 사용했습니다.

출발점을 넘어서서

가장 좋은 것은 명확한 목표를 설정하고 달성하고 싶은 꿈에 대한 강한 비전을 가지는 것입니다. 그리고 그 후에는 대개 문제를 해결하는 것이죠. 향해야 할 목표점을 가지고 있으며 끝에 도달하기 위해 퍼즐을 해결해가는 거예요. 그렇게 간단하지 않은 것들도 추가해야 합니다. 목표점이 움직이는 것은 드문 일이 아니죠. 문제를 해결할 방법이 있는지 질문하고 새로운 해결책을 찾아서 이전 시점으로 돌아갈 수도 있습니다. 또한 그것이 계속 해볼만한 가치가 있는지에 대한 지속적인 평가도 필요하죠.

개인적인 견해로는 게임을 만들 때 가장 어려운 도전 과제는 언제 멈춰야 할지를 아는 것, 제대로 동작하지 않을 거라는 것을 인정하는 것 그리고 처음부터 다시 시작하는 것입니다. 그리고 계속 전진할 때에는 그것이 좋은 결과를 가져다 줄 것이라고 지속적으로 믿어야 하죠. 모든 프로젝트에는 그런 순간들이 있습니다. 어떤 것이 잘 동작할지, 아닐지를 아는 것은 절대 사소한 일이 아니며 이를 위해 노력할 가치가 충분하죠. 절대 모를 거예요.

가능한 한 오랫동안 기획을 머릿속에 기억하고 발전시켜나가는 것이 좋습니다. 그리고 오래 그렇게 할수록 대개 최종 결과물이 좋아지죠. 머릿속은 아이디어를 죽일 수 있는 최적의 장소이기도 합니다. 기획자에게 가장 좋은 방법은 프로젝트를 시작하기 전에 가능한 한 머릿속으로 많은 방법을 탐색하는 것이라고 생각합니다.

프로젝트에 전념하게 되었을 때에는 그 과정 중에 문제를 제기하는 것이 더 어려워집니다. 이는 대규모의 프로젝트에서 특히 어렵죠. 보드게임에서는 그런 것들이 꽤 빠르고 단순해집니다. 프로젝트에 참여하는 사람이 많으면 새로운 계획을 세우고 원하는 바를 올바르게 해내는 일이 아주 어려워지죠. 간단히 말해서 머릿속에서 많은 것을 할 수 있으면 좋다는 것입니다. 그것이 제작 과정을 더 매끄럽게 만들어줄 거예요.

플레이어를 끌어오기

사람들은 무언가 새롭고 흥미로운 것들을 원합니다. 특히 매 순간 사람들이 수백만 가지에 노출되는 우리가 사는 세상에서는 더욱 그러하죠. 게임은 모든 다른 게임과 구별되어야 합니다. 게임은 스토리와 플레이를 멋진 방법으로 결합시킬 수 있다는 점에서 흥미롭습니다. 부분의 합보다 전체가 더 크죠.

적어도 게임 기획에 있어서는 부분 유료화 게임의 등장으로 많은 것들이 바뀌었습니다. 프리미엄 게임에 비해 부분 유료화 게임을 기획하는 것은 완전히 다른 일이에요. 가장 큰 차이점이자 도전인 점은 부분 유료화 게임이 대부분 스토리를 따라 플레이할 수 없는 일회성 게임이라는 것입니다. 목적이 플레이어를 가능한 한 오랫동안 플레이하도록 만드는 것이죠. 그렇지 못하면 금전적으로나 다른 면에서 의미가 없어지는 거죠. 끝없는 게임 플레이는 부분 유료화 게임에 너무 깊이 뿌리박혀 있고 일부 게임은 그런 틀에 적합하지도 않죠. 스토리를 말하기 위해서는 스토리 위주의 부분 유료화 게임을 만들어야 하지만 그것은 거의 불가능하죠. 네, 맞아요. 에피소드를 담은 게임들이 있기는 하지만 그런 것들은 일반적인 의미에서의 부분 유료화 게임이 아닙니다.

끝없는 게임 플레이는 게임 기획에 있어 몇 가지의 도전 과제를 안겨줍니다. 플레이어에게는 일반적으로 두 가지의 유형이 있죠. 게임을 끝까지 완료해내기를 원하는 플레이어와 게임을 마스터하기를 원하는 플레이어죠.
그렇기 때문에 두 유형 모두를 끌어들일만한 게임을 기획해야 합니다. 절대 끝나지 않는 게임을 기획하는 거죠. 말하자면, 깊이가 충분해서 플레이어가 배워야 할 새로운 것과 플레이하는 새로운 방법을 항상 발견할 수 있는 게임 말이에요. 게임 진행 상황을 통해 새로운 컨텐츠를 제공하면 게임이 끝나는 것을 막을 수 있죠. 일반적으로 게임 진행은 시간이 지남에 따라 느려지고, 오랜 시간 동안 플레이 할수록 새로운 레벨과 컨텐츠가 제공되는 데 까지는 더 많은 시간이 걸립니다. 그렇게 할 수는 있지만 정말 지루하겠죠. 균형을 맞추는 것은 매우 섬세한 작업입니다. 플레이어에게 새로운 컨텐츠를 천천히 제공하면서도 게임에 대한 흥미를 유지할 수 있게 만들어야 하죠.

플레이어의 흥미를 유지하게 만드는 또다른 방법은 깊이를 만드는 것입니다. 리그 오브 레전드(2009)가 그런 게임의 좋은 예가 될 거라고 생각해요. 얼마나 오래 플레이했는지는 전혀 관계없이 항상 새로운 것들과 트릭들을 배울 수 있죠. 만일 그런 환경을 만들어낼 수 있다면 그것은 황금알을 낳는 거위일 겁니다.

게임으로부터 스토리적으로 무언가 배울 수 있는 영화가 있을지는 잘 모르겠어요. 아마 없을 거라고 생각합니다. 게임 산업은 스토리에 관한 한 영화의 제자죠. 게임은 더욱 반응형이고, 다른 업계의 것들을 따릅니다. 그들은 아이디어를 수집해 게임과 브랜드에 사용하죠. 영화는 게임에 비해 제약이 덜하기 때문에 보다 쉽습니다. 기본 메커니즘과 끝없는 게임 플레이 등에 대한 걱정이 상대적으로 적죠. 멀티플레이어 전장 게임을 기획할 때에는 스토리를 넘어선 아주 많은 것들에 대해 생각해봐야 합니다.

도덕적 허무함을 피하기

많은 부분 유료화 게임들이 한 번에 끝없이 플레이할 수 없다는 점에서 프리미엄 게임들과는 다릅니다. 일부 사람들은 그 진짜 이유가 돈 또는 비슷한 것들을 뜯어내기 위해서라고 생각하죠. 저는 그것이 일반적인 사례는 아니라고 생각합니다. 플레이어가 게임으로 돌아왔을 때 다시금 재미를 느끼게 하려는 의도라고 생각해요. 그리고 게임을 중단하고 잠시 다른 일을 하라고 하는 거죠. 여러분은 밤새 플레이하고 다음날 아침에 허무함을 느끼며 침대에서 몸을 파내려고 노력하는 것으로 스스로를 불태우고 싶지는 않을 겁니다. 그리고 생각해보면, 플레이어가 그렇게 되는 것도 원하지 않겠죠. 그런 것은 장기적으로 좋지 않습니다. 게임은 자연스럽게 중단할 수 있고 다음날에 계속 할 수 있도록 기획되어야 해요. 여러분은 하루의 시작이 상쾌하기를 바랄 겁니다. 물론 게임을 더이상 플레이하지 못하게 닫아버리는 진짜 "문"이 없으면 더 좋을 수도 있어요. 특정 시점에 도달하면 자연스럽게 게임을 그만 해야겠다고 느끼고 세션과 보상은 사라지는 겁니다. 그리고 다음 날 충전되어서 돌아오는 거죠. 너무 많은 시간을 할애했다는 느낌 없어요. 도덕적 허무함은 없습니다. 많은 경우 이것은 시간이나 에너지 메커니즘에 의해 수행되지만 저는 사람들이 대개 그것을 인위적으로 행해지는 것처럼 느낀다고 생각해요. 여전히 그들은 일을 합니다. 요즘은 게임이 그런 면에서 더 유연하게 느껴지는 것이 일반적이지만 중요한 점이 남아있어요. 플레이어들이 게임을 중단하고 하루의 시작을 상쾌하게 느낄 수 있도록 만드는 것 말이에요.

데이터 주도 기획

저는 이것이 일종의 미신이라고 생각해요. 데이터 주도 기획이라는 것이 존재하는 것은 확실하지만 그것이 정말로 게임 기획을 수행하는 좋은 방법이라고는 생각하지 않습니다. 물론 게임이 실행되면 데이터를 얻을 수 있지만 저는 차라리 "데이터 기반 의사 결정" 정도로 불러야 한다고 봐요. 그것은 사람들이 어떻게 게임을 플레이하는지, 어떤 문제가 있는지를 알기 위해 수집된 데이터를 보는 것과 더 관련이 있습니다. 그러나 그 문제들을 해결하려고 하면 데이터만으로는 부족할 거예요. 좀 더 고전적인 방법으로 해결해야 합니다. 데이터는 기획자가 어떻게 게임이 플레이되는지를 알 수 있는 주요 수단이기 때문에 확실히 가치가 있죠. 데이터는 밸런스를 맞추기 위해서 매우 중요해요. 많은 양의 게임 플레이 정보가 필요합니다. 이러한 의미에서 데이터는 여분의 눈과도 같습니다. 한 가지 더 기획자에게 도움이 될만한 것은 커뮤니티입니다. 그들의 피드백은 매우 가치가 있죠. 커뮤니티와 수집된 데이터는 아주 좋은 도구가 될 수 있어요. 그렇지만 데이터만으로는 좋은 의사 결정을 내릴 수가 없다고 생각합니다. 다르게 생각하는 사람들도 있다는 것을 알고 있어요. 데이터는 사용자 획득이나 타겟팅 등과 관련해 좋은 결과를 얻기 위해 사용될 수 있습니다. 데이터만 가지고 그것들을 수행하는 것은 한쪽 눈만 뜨고 있는 것과도 같습니다. 데이터만으로는 잘 되지 않던 수많은 예가 있어요.

모바일 게임 개발

저는 콘솔 게임 프로젝트에 참여해본 적이 없습니다. 그래서 그런 과정들이 어떻게 수행되는 지에 대해서는 비교할 수가 없어요. 저는 모바일 게임에 대해서만 이야기할 수 있죠. 모바일 프 로젝트가 좋은 점은 팀의 규모입니다. 가볍고 단순하게 유지하기가 쉽죠. 관리 계층이 필요하 지 않은 거예요. 심지어 작업 리스트가 없는 경우도 많습니다. 그저 서로 상의를 하고 결정을 내린 후 구현을 하죠. 지나치게 세세한 로드맵이나 계획 미팅 같은 것들은 많은 제약을 만들고 일의 진행을 느리게 만들 수도 있습니다. 모바일 게임은 PC 게임이나 콘솔 게임에 비해 민첩 하게 움직이는 것이 쉽습니다. 플랫폼이 약간의 제한을 가져다 주기는 하죠. 모바일 장치들은 작은 스크린을 가지고 있습니다. 그런 것들이 그래픽에 영향을 많이 미치죠. 컨트롤도 마찬가 지예요. 아주 세세하게 꾸며진 것들은 모바일 게임에 썩 적합하지 않습니다. 그런 것들은 쉽게 혼란스러워지죠. 혼란스럽고 상호작용하기 어려워요.

좋은 게임 기획자와 뛰어난 게임 기획자

일반적으로 일어나는 실수는 일을 너무 복잡하게 만드는 것입니다. 그리고 복잡한 기획에서 기인한 문제를 해결하려고 더 복잡한 구조를 만들죠. 그런 것들은 다루기가 어렵습니다. 그러 면 모든 것이 무너져내리죠. 가능한 한 가장 단순한 방법으로 문제를 해결하는 것이 가장 중요 합니다. 엉망과 우아함의 대결이에요.

보드게임에서는 그것이 더욱 중요합니다. 규칙과 메커니즘은 합리적으로 만들어져야만 하죠. 누가 도와주지 않아도 게임이 어떻게 동작하는지를 이해할 수 있어야만 합니다. 문명 같은 게 임도 마찬가지입니다. 멋진 게임이 아니라는 말은 아니지만 처음부터 그리 깔끔하고 직관적이지는 않습니다. 그런 면에서 보드게임들은 더욱 우아합니다. 그리고 좋은 기획자는 비디오 게임에서도 마찬가지로 할 수 있다고 생각해요. 단순하면서 우아하게 유지하는 거죠.

또한 좋은 게임 기획자는 팀과 함께 일할 수 있어야 합니다. 그들은 팀이 어떻게 일하는지, 무엇을 하는지를 이해해야만 하죠. 무엇이 필요한지 그리고 무엇이 과한지를 전달하는 능력을 가지는 것도 중요합니다. 많은 아이디어들이 뛰어다닐 거예요. 좋은 기획자는 그 안에서 길을 잃지 않고 큰 그림을 유지할 수 있어야 합니다.

게임 기획의 함정들

부분 유료화 게임은 무자비해질 수 있습니다. 많은 것들을 바로잡아야만 하죠. 인위적으로 느껴지지 않도록 만들기 위해서 끝없는 게임 플레이가 필요하고, 첫 번째 세션을 멋지게 느껴지도록 만들어야만 하며, 플레이어들이 첫 세션에서 너무 많은 것을 해야 한다고 느끼는 부담감을 최소화해야만 합니다. 그런 것들을 바로잡아야 하죠. 그럼에도 불구하고 안쪽에서 더 심각해지는 무언가가 있을 수 있습니다. 어떤 게임 플레이 메커니즘은 나중에 큰 문제를 일으킬 수도 있어요. 그런 것들은 분명 미리 파악하기가 어렵습니다. 그릇된 기획 상의 결정은 시간이 지남에 따라 눈두덩이처럼 불어나 고치기 어려워질 수도 있습니다. 그런 어려움들은 멀티플레이어 메커니즘과 관련한 부분에서 더 자주 발생합니다. 리더보드는 또 다른 문제죠. 장기적으로 플레이어들이 이해해줄 수 있는 방식으로 그것들을 성사시키는 것은 매우 어렵습니다.

우상

그런 것들이 있죠. 예를 들면 푸에르토리코(2002), 카탄의 개척자(1995) 같은 보드게임들이 제게 큰 영향을 끼쳤습니다. 그것들은 모두 제가 높이 평가하고 있는 것들이죠. Race for the Galaxy(2007)도 제가 가장 좋아하는 것들 중 하나예요. 그것은 카드 게임인데 저는 그 게임이 깊이를 가졌다는 것이 좋지만 무작위성을 아주 완벽하게 섞어놓았죠. 그것이 매번 게임을 다르게 만들어요.

깊이와 무작위성이 결합된 것이 유행이라고 생각해요. 카드의 무작위성과 게임의 이벤트는 새로운 플레이어에게 게임이 그저 주사위를 굴리는 것과 유사하게 순전한 운이라는 환상을 줍니다. 그러나 게임을 아는 플레이어는 매번 신입 플레이어에게서 승리를 거머쥐겠죠. 예측하기 어려운 많은 종류의 것들이 있다고 할지라도 게임에서 이기는 것은 기술입니다. 로그라이크(Roguelike) 게임들이 이와 유사하죠. 비슷한 느낌을 가졌어요. 매우 많은 무작위성이 있지만 기술은 항상 플레이를 도와줍니다. 저는 완벽한 로그라이크 게임을 플레이해본 적은 없는 것 같지만 말이에요. 대부분은 잘 맞지만 여전히 무언가 부족합니다.

데스티니(2014)는 제가 아주 좋아하는 게임이에요. 하지만 제가 꼭 참여하고 싶었던 프로젝트는 아니었어요. 그것은 너무 규모가 커요. 그리고 제 취향의 기획적 도전 과제가 충분히 있지 않다고 생각합니다. 그러나 플레이하는 건 즐기죠. 저에게 가장 큰 영향은 문명(1991)이나 마스터 오브 오리온(1993) 같은 전략 게임들일 거예요. 그것들은 비디오 게임에 있어 저에게 가장 큰 영감이 되었죠.

REKO
UKKO

레꼬 우꼬(REKO UKKO)

출생 1978년
현재 Seriously 게임 기획 수석 부사장
대표작 Best Fiends, FlatOut 시리즈, Clumsy Ninja, 캘리포니아 골드 러시

★ ★ ★

레꼬 우꼬는 헤이놀라 컴퓨터 데모신에서 활동했습니다. 그는 어린 시절에 코모도어 64를 가지고 놀았고 동네 또래 친구들과 게임을 했습니다. 군 복무를 마친 후 그는 당시 떠오르던 뉴미디어 사업에 뛰어들었고, 핀란드 회사들을 대상으로 웹사이트와 유저 인터페이스를 디자인했습니다. 웹사이트 사업에 싫증이 나자 그는 헬싱키의 메트로폴리아 폴리테크닉(Metropolia polytechnic)으로 가서 3D 애니메이션을 공부했습니다. 그는 예전에 배웠던 일러스트레이션과 예술을 디지털 영역에 적용하는 것에 집중했습니

다. 그가 졸업하기 전인 2004년 버그베어(Bugbear)에 게임 기획자로 입사해 핀란드의 첫 멀티플랫폼 게임 프로젝트인 플랫아웃(FlatOut, 2004)에 참여했습니다. 그리고 속편인 FlatOut 2(2006)와 FlatOut: Ultimate Carnage(2007)에도 참여했습니다.

2007년에는 모바일 게임 전문 회사인 Digital Chocolate에 합류했습니다. 우꼬는 Remedy로 옮겨 가기 전까지 California Gold Rush(2009)를 포함한 수많은 프로젝트에 기여했습니다. Remedy에서는 Alan Wake's American Nightmare(2012)와 야심작인 퀀텀 브

레이크(2016)의 사전 제작에 참여했습니다. 이후에는 영국 회사인 내츄럴 모션(NaturalMotion)으로 옮겨가 모바일 히트작인 클럼지 닌자(Clumsy Ninja, 2013)와 CSR 레이싱(2012)을 기획했으며 게임 기획 팀을 이끌기도 했습니다.

Remedy의 창립자 중 하나이자 훗날 Rovio의 게임 사업부 대표인 페트리 예르빌레토(Petri Järvilehto)가 새 회사를 설립하려고 할 때 마침 레꼬가 고국으로 귀국하는 시점이었고 그들은 2013년 시리어슬리(Seriously)를 창업했습니다. 현재까지 Seriously의 베스트 피엔즈(Best Fiends)는 8천만 이상의 다운로드를 기록했고 1억 달러 이상의 수익을 올렸습니다.

게임 기획자가 되기까지

저는 게임에 아주 자연스럽게 뛰어들었습니다. 항상 생동감 있는 상상력을 가졌었고 사물의 다른 측면을 생각하려는 경향이 있었어요. 그래서 사물을 다른 각도에서 볼 수 있었죠. 수 년 동안 게임 기획의 목적은 변해왔고 사실상 지금도 변해가고 있습니다. 지난 날의 저는 유로게임(독일식 보드게임)의 시각을 가지고 있었어요. 게임의 메카닉만 고려하고 나머지는 신경 쓰지 않았죠.

저는 모바일 게임과 콘솔 게임을 넘나들며 경험을 쌓아 왔습니다. 특히 Remedy에서는 게임에 있어서 스토리텔링의 의미에 대해 알게 되었죠. 당시에 저는 게임이 스토리를 말하지 않는다는 다소 강한 견해를 가지고 있었습니다. 그것은 역설이라고 생각했어요. 영화나 책을 볼 때는 감독이나 작가가 일이 일어나는 것을 100% 통제하잖아요. 모든 불필요한 부분은 편집되죠. 그리고 게임을 보면 그것들은 이 스토리 전달 방식을 모방하려고 했어요. 그리고 그것들의 가능성에 비해 의욕이 충분히 높지 않다는 사실은 항상 저를 괴롭혔죠. 어드벤쳐 게임을 영화적 관점으로 생각해보면 플레이어는 많은 시간을 걷고 사물을 만져보거나 그다지 흥미롭지 않은 것들에 할애하게 됩니다. 그리고 플레이어 스스로 스토리의 흐름을 끊어버리게 되는 거죠. 그래서 아주 역설적이라는 겁니다. 플레이어는 통제권이 주어지면 그 극적인 구조를 깨버리지만 스토리텔링은 그 구조 자체거든요. 그래서 저는 언젠가 사람들이 스토리의 기본 구성 단위를 이해하지 못하는 것처럼 보이고 그것만으로도 괜찮아 하는 것이 매우 걱정스러웠어요.

Digital Chocolate에서의 시간은 매우 좋았어요. 그곳에서 멋진 게임들을 만들었죠. 그곳에서의 면접은 엄청난 경험이었어요. 그들은 일반적인 이야기를 나누고 팀 업무를 할당해주죠. 기획자, 아티스트, 프로듀서와 함께 한시간 동안 게임을 만들어야 해요. 초콜릿 공장, 로맨스, 성 등의 테마가 주어지죠. 그리고는 그 테마 중 하나를 선택해 팀과 함께 어떤 식으로 작업을 해나가는지를 보고싶은 거예요. 저는 로맨스에서 영감을 얻었어요. 그리고 플레이어가 집 주위의 꽃이나 덩굴이었고 그 중 하나는 로미오가 줄리엣의 발코니에 오르기 위해 사용할 것이었죠. 제가 고용된 이후 저는 이 아이디어를 다시 제안했고 결국 게임이 만들어졌어요. 그 게임은 장애물을 피해 덩굴을 키워야 하는 게임이었죠. 덩굴이 너무 오래 그늘에 있으면 시들지만 반대로 태양도 좋지 않아요. 잘 플레이했다는 피드백으로 덩굴이 꽃을 피우기 시작하죠. 재미있는 게임이었어요. 스네이크와 비슷한 종류지만 더 강력합니다.

다른 멋진 경험은 많은 사람들이 미쳐있던 게임인 California Gold Rush였어요. 배경은 제가 항상 게임 속의 위험과 보상에 대해 가지고 있던 관심이었습니다. 실제로도 더 많은 것을 걸수록 그에 상응하는 가치를 얻거나 잃을 수 있죠. 이 게임은 아주 유로게임적인 접근 방법을 가지고 있습니다. 저는 게임의 테마는 몰랐지만 플레이어가 그들이 감수해야 할 위험을 선택하고 결과를 알아야 한다는 메카닉은 알았어요. 그렇지만 플레이어가 매우 안전하게 플레이하는 경우에는 감수해야 할 위험이 그리 많지 않아요. 결국 저는 테마가 필요했고 1800년대 서쪽 해안 지방의 골드 러시를 떠올렸습니다. 간단히 말해서 더 깊이 팔수록 더 위험한 반면에 깊이 파야 큰 금을 찾을 수가 있죠. 이 게임에는 오늘날의 부분 유료화 게임 메카닉에 해당하는 많은 요소가 있습니다. 시간이 제한되어 있거나 실제로 오늘날에 널리 퍼져있는 에너지와 같은 것이라고 볼 수 있어요. 줄거리는 금광을 발견하기 위해 고용된 용감한 여성이 국경으로 간다는 이야기입니다. 땅을 깊이 파서 금을 찾는 것으로 그 땅의 가치를 증명하기 위한 30일 혹은 30회의 움직임이 주어지죠. 플레이어가 찾은 모든 금은 화폐로 이용될 수 있고 상점에서 서포트용 구조물이나 다이너마이트 등의 물건을 구매할 수 있습니다. 그리고 돈의 일부를 투자해 광산의 안전성을 확보하고 위험을 줄일 수도 있습니다. 그러나 결국 중요한 것은 돈 뿐이기 때문에 그것이 점수에 영향을 미치게 되죠. 그리고 만일 플레이어가 아무 것도 구매하지 않고 위험한 게임 플레이를 한다면 광산이 무너져 시간을 허비할 수도 있습니다. 저는 항상 팀이 매우 독립적이라고 느꼈고, 여기저기에서 피드백을 받기는 했지만 우리가 좋다고 느끼는 것을 밀고 나갈 수 있을 정도로 충분히 독립적이었어요. 되돌아보면 당시 그 팀은 커다란 회사 내의 소규모 그룹처럼 보였어요.

게임 속 이야기

묘사나 스토리텔링에 대한 저의 개인적인 접근 방법은 지난 몇 년 간 바뀌어 왔습니다. 플레이어들은 게임을 하는 것을 좋아합니다. 특히 시간이 지남에 따라 게임 속으로 더 빠져들며 그들의 캐릭터와 사랑에 빠지게 되죠. 게임은 아마 스토리텔링을 위한 가장 좋은 매체는 아닐테지만 그 측면을 다룰 수는 있습니다. 플레이어가 아무런 컨트롤을 하지 않으면 그것은 영화가 되죠. 플레이어가 컨트롤을 한다면 의도되었던 스토리의 구조는 깨질 겁니다.

Best Fiends는 캐릭터, 세계 그리고 스토리로 시작합니다. 그것들이 마운트 붐(Mount Boom)으로의 여행을 위한 배경을 제공하죠. 우리가 만든 세계에는 본질적인 논리가 있고 크리쳐들과 민달팽이들을 위한 동기 등이 있습니다. 시작했을 때에는 전혀 생각하지 않았지만 IP를 개발할 때에 중요성을 알았어요. 몇 달 전 우리는 Minutia's Most Wanted라는 신규 업데이트를 내어놓았습니다. 기본적인 아이디어는 크리쳐들이 민달팽이들에게 대항하는 거였죠. 그러나 새 민달팽이의 범죄 요소는 보통의 민달팽이보다 더 나쁩니다. 플레이어는 임의의 범죄자와 그의 이름 및 정보가 표시되는 수배 게시판을 가지고 있어요. 그것들은 플레이어가 추적하고 감옥에 집어넣어야 하는 것들이죠. 플레이어가 범죄자를 잡으면 그것들이 현상금 게시판에 나타나고 감옥에 들어가죠. 플레이어가 잡은 범죄자들은 그곳에서 서로 의논하기 시작합니다. 이렇게 말이죠. "제길, 그들이 프랭크! 너도 잡았어?" 그리고 프랭크가 대답해요. "그래 친구, 어쩔 수 없었다고!" 이 모든 대화들은 얼마나 많은 범죄자를 잡았는지, 그것들이 현재 감옥에 얼마나 많이 있는지, 그리고 그들의 이름은 무엇인지 등에 따라 무작위로 만들어집니다. 이것은 이야기 자체로 의도된 것이 아니라 플레이어가 볼 수 있는 것들을 Best Fiends의 세계에 반영한 것이죠. 이름을 듣고, 장소를 듣고, 이 캐릭터들이 살아있다는 것을 깨닫는 거예요. 몇몇 사람들은 그것을 알아 차리고 또 일부는 그러지 못하겠지만 그것은 풍부한 게임 경험을 제공합니다.

여러분은 작업하고 있는 매체에 대해 이해해야만 하고 각 매체의 강점이 무엇인지를 알아야 해요. 게임에서는 다른 어떤 것도 그렇게 할 수 없는 상호작용성이 강점이죠. 만화에서는 한 페

Best Fiends © Seriously Digital Entertainment

이지에 수천년 혹은 1초를 그릴 수가 있지만 다른 어떤 매체도 그렇게 할 수 없어요. 그러니 각 매체의 특별한 점들을 기억해야 합니다.

시작하자마자 장악하기

게임 기획의 흥미로운 점은 플레이어에게 메카닉을 가르치는 방법입니다. 고전적인 예는 슈퍼 마리오 브라더즈 스테이지 1-1입니다. 플레이할 수 있는 가장 첫 번째 레벨이죠. 처음 보이는 화면에는 상당히 많은 것들이 있고 플레이어는 아무 것도 읽지 않은 채 모든 것을 배울 수가 있어요. 플레이어는 이것저것 해봐야만 하고 놀라울 정도로 빠르게 학습하게 됩니다. 실패 또한 매우 빠르고 거슬리지 않아요. 실패에서도 대부분 무언가를 배우게 되죠. 닌텐도의 멋진 것들 중 하나가 바로 그거죠. 저는 플레이어들이 게임을 어떻게 학습하는지 그리고 어떤 동기가 그들이 계속 플레이하게 만드는지에 대해 흥미를 느꼈어요.

Digital Chocolate에는 "시작하자마자 장악하기"라는 컨셉이 있죠. 노키아 S40이나 S60 등의 아이폰 이전 시대의 휴대폰들은 사용자들이 버스 정류장에서나 지하철을 탈 때 그들의 휴대폰을 어떻게 이용하는지를 생각해야 했습니다. 그리고 30초 안에 게임을 플레이할 수 있어야 했죠. 우리는 게임을 실행하고 첫 번째 액션이 이루어지기까지 얼마만큼의 시간이 걸리는지를 실제로 벤치마킹하고 짧은 시간 내에 의미 있는 행위를 할 수 있도록 게임 플레이를 기획했습니다. 반면에 무엇을 하고 있었는지 잊었다면 게임을 재개하는 것은 어려웠어요. 물론 아이폰이 나타난 후 그것은 달라졌습니다. 우리는 수많은 것들을 휴대폰에 의존하죠. 그것은 사람들이 언제든 원한다면 게임을 플레이할 수 있다는 의미가 됩니다. 이것을 콘솔 게임 플레이에 비유하자면, 모바일 게임에는 2분씩 게임을 플레이하는 수많은 유저가 있는 거죠. 그것은 그들의 정기 행사 같은 거예요. 예를 들면 모닝 커피를 마신 후에 잠시동안 캔디크러시를 플레이하는 식이죠. 반면에 2시간 연속으로 플레이하는 광팬도 있어요. 그래서 게임은 그 모든 시나리오를 수용할 수 있도록 기획되어야 하죠. 콘솔 게임의 경우에는 게임을 플레이하기 위해 최소 30분은 소요되고 대부분은 최소 한시간은 플레이해요.

모바일 게임은 대개 무료이기 때문에 또다른 기획적인 과제가 있습니다. 플레이어가 다운로드 받은 게임에 정서적인 유대감을 느끼기가 힘들죠. 처음 30초가 별로라고 느끼면 앱을 중지하고 삭제해버리는 거예요. 콘솔 게임과 비교하자면, 플레이어가 20유로나 70유로를 지불하고 게임을 구매했으니 자동적으로 정서적인 유대감이 생기고 게임으로부터 무언가 얻게 되기를 바라게 되죠.

콘솔 게임을 기획하는 것은 달라요. 그들은 게임을 위해 돈을 지불하기 때문에 적어도 30분은 게임을 플레이하려 할 겁니다. 시작이 별로인 것 같아도 기회를 주는 거죠. 돈을 냈으니까요. 물론 플레이어의 20%만이 완전하게 게임을 플레이한다는 것이 끔찍하지만요. 상상해보세요. 300명의 개발자로 구성된 팀이 있고, 세련된 마지막 스테이지를 만들기 위해 밤낮으로 일을 하지만 결국 플레이어의 50% 이상은 그것을 보지 못해요. 선불로 돈을 지불하게 되는 싱글 플레이어 게임에 있어서는 평가가 높은 게임일지라도 많은 플레이어가 그것을 끝까지 플레이하는 것이 행운에 가깝죠. 오늘날에는 짧은 싱글 플레이어 콘솔 게임이 있다면 플레이어는 유튜브를 통해 그것을 플레이하는 것을 볼 수 있습니다. 예전의 게임 개발자들은 플레이어가 게임을 구매하는 대신에 빌리는 것을 욕했습니다. 그런데 지금은 유튜브를 통해 그냥 보기만 하는 거죠. 그러니 자연스럽게 그것이 게임의 서비스 모델을 바꾸어버리거나 혹은 개발자들이 더 위처 3(The Witcher 3)같은 아주 긴 싱글 플레이어 게임을 만드는 것으로 이어지는 거예요. 그러나 그렇게 만들 수 있는 개발자들은 많지 않죠.

개인적으로 저는 제가 콘솔 게임을 만들든지, 모바일 게임을 만들든지 별로 신경을 안 썼습니다. 제게 게임을 만드는 것은 항상 추상적인 생각으로부터 시작되었거든요. 어떤 유형의 게임을 만들 것인지, 플레이어가 무엇을 원하는지, 우리가 플레이어들에게 무엇을 요구할 것인지, 플레이어가 게임을 하는 상황은 무엇인지 같은 것들 말이에요. 제게는 게임에 몸담은 15년동안 불쾌한 프로젝트가 있었던 기억이 없습니다.

그리고 제 시스템에서 저만의 게임도 얻게 되었죠. 저는 아무 것도 없는 상태에서 캔디플리아 골드 러시를 제안했고 결국 그 게임이 만들어졌어요. 몇몇 기획자들은 다른 사람들의 아이디어를 게임으로 만들어야만 하고 자신의 아이디어는 모두 버려져야만 한다면 행복하지 않을 거예요. 어떤 면에서는 제가 무엇을 만들려고 하는지에 대한 내적 갈등을 느끼지 않기 때문에 그것이 어느 정도 도움이 되었던 것 같아요. 물론 아이디어들이 있지만 시간도 있으니까요.

위와 같은 상황에서 콘솔 게임 플레이어들은 앉아서 게임을 잠시 살펴보게 되죠(돈을 지불했으므로). 그리고 모바일 게임 유저는 게임이 별 볼 일 없다고 판단하는 경우 즉시 삭제를 합니다(돈을 지불하지 않았기 때문에). 이는 게임을 소개하는 데 있어 아주 큰 영향을 끼칩니다. 콘솔 게임을 만들 때에는 플레이어가 게임을 꺼내 발코니로 던져버리기보다는 컷신을 볼 것이라는 걸 알고 있어요. 반면에 어느 수준에서든 성공해야 하는 모바일 게임을 만든다면 부가 설명 없이 진행이 가능한 게임이 아니고서는 힘들 겁니다. 바로 요점으로 진입하고 그것이 어떤 게임인지를 보여주며 이 게임을 어떻게 하는지와 직접적으로 관련 없는 것들에는 시간을 많이 할애하지 말아야 하는 거죠.

콘솔 게임은 패러다임의 변화를 겪고 있습니다. 그들은 지금 서비스로서의 게임과 그것이 콘솔 게임에게 어떤 의미인지를 탐구하고 있죠. 큰 문제는 콘솔 게임에서 서비스적 측면을 어떻게 만들어 내느냐입니다. 많은 나쁜 예가 있어요. 최근에 미들어스: 섀도우 오브 워를 플레이했는데, 그 게임은 총 4막으로 되어 있습니다. 그런데 3막의 끝에 마치 "이제 게임이 끝났습니다. 그러나"하는 느낌의 큰 전투가 있고 4막은 서비스로서의 게임이 섞인 것이죠. 상황은 바뀌고 지나쳐온 모든 성들이 방어해야만 하는 장소가 되죠. 공격자들은 매우 강력하고 우리의 부대보다 훨씬 레벨이 높습니다. 언제든 방어 전투의 시작을 선택할 수 있지만 적의 수준이 우리보다 훨씬 높기 때문에 혼자서 그것을 플레이하는 유일한 방법은 부대를 훈련시키고 이전에 게임에서 했던 방법대로 그들을 시험대로 보내거나 인앱 구매를 통해 레벨이 높은 오크들을 구매하는 것입니다. 그렇게 마지막을 플레이하고 게임이 실질적으로 끝나는 거죠.

그것은 플레이어를 고려하자면 나쁜 끝맺음이에요. 이미 길게 플레이했던 게임을 돈을 쓰지 않고 플레이하는 것은 시간이 많이 걸리고 지루합니다. 개발자는 그것이 플레이어에게 항상 재미있을지는 신경 쓰지 않는 것 같아요. 그저 플레이어가 더 많은 돈을 소비하게 만드는 것에

Best Fiends sketch © Seriously Digital Entertainment

만 관심이 있는 것 같습니다. 플레이어들은 이미 돈을 지불하고 게임을 구매했는데도 말이죠. 모바일 게임 기획자는 아마 지금까지 약 10년 간 부분 유료화 게임을 기획해왔습니다. 콘솔 게임 스튜디오에게는 안타까운 일이지만 그들 중 오랜 역사를 가진 훌륭한 몇몇 스튜디오는 게이머를 이같은 방식으로 고려하거나 지금 무슨 일이 일어나고 있는지를 배우지 못한 거예요. 모바일 게임을 만드는 사람들은 이미 10년 전에 그런 실수들로부터 교훈을 얻었습니다. 그들 중 일부는 아직까지도 석기 시대에 살고 있는 것 같지마요

나쁜 게임 피하기

저는 이따금씩 강의를 하는데 그 강의는 실제로 "나쁜 게임을 만드는 방법"이라는 이름을 붙였죠. 저는 제가 게임을 만들었던 경험에 대해 말해요. 그 중 하나는 Digital Chocolate이 막 페이스북 게임을 개발할 당시의 것이었어요. 우리는 페이스북 게임이 어떻게 동작하는지, 그리고 부분 유료화 게임에 관한 것과 기타 등등을 살펴봐야 했죠.

저는 캘리포니아 골드 러시를 더욱 부분 유료화 게임처럼 만들어보려고 했어요. 아마도 인앱 구매를 도입한 핀란드의 첫 번째 게임이었을 겁니다. 그것은 돈을 주고 구매해야 하는 프리미엄 게임이었지만 애플이 인앱 구매 기능을 출시했고 우리는 그것을 어떻게 만들어야 할지 고민하게 되었어요. 애플도 그것들을 사용하는 방법에 대한 자료가 없었다는 것을 몰랐을 거예요. 우리는 게임을 위한 부스터 팩을 만들었습니다. 플레이어들은 이전에 게임샵에서 게임을 구매했던 경험 때문에 좋은 평을 남기지 않았어요. 지금은 아이템 양을 줄이고 현금으로 팔고 있죠. 인앱 구매 같은 것은 없었지만 그런 인식은 항상 있었어요.

그러나 저는 항상 캘리포니아 골드 러시를 확장하는 것에 대해 관심을 가져 왔어요. 그것이 1800년대에 브라이언 레이놀즈(Brian Reynolds)가 프론티어빌(Frontierville)과 함께 캘리포니아 지역의 정착과 관련하여 했던 것처럼 광업 제국을 운영하는 모험적인 게임이 되는 것을 원하지는 않았어요. 그것은 통과되지 않았고 까다로웠죠. 여전히 서비스로서의 게임에 대해 배우는 중이에요. 우리에게는 너무 많은 것들이 있고 결국 그것들이 우리로 하여금 다른 프로젝트들을 수행하도록 만든 것 같습니다. 당시 Digital Chocolate의 바르셀로나(Barcelona) 스튜디오는 트라입스(Tribes)라는 게임 아이디어를 가지고 있었어요. 이름만 있었고 모두가 그에 대해 각자의 해석을 가지고 있었죠.

우리는 다가오는 프로젝트와 누가 무엇을 해야 하는지 토론하기 위한 곳이었던 헬싱키 스튜디오에 미꼬 코디쇼야(Mikko Kodisoja)와 일까 파아나넨(Ilkka Paananen) 같은 사람들을 초대했습니다. 최선의 방법은 아니지만 당시에는 모두가 그렇게 해야 한다고 생각하고 있었어요.

어쨌든 우리는 다음에 무엇을 해야 할지에 대해 토론했고 어느 팀이 개발해야 할지를 투표했습니다. 그리고 약간의 우여곡절 끝에 저는 Tribes를 끝마쳤죠.

그 게임은 섬에 갇힌 사람들이 그곳에서 어떻게 살아남는지에 대한 것이었어요. 우리는 맥가이버(스위스 아미 나이프 하나로 천재적인 임기응변과 기지를 이용하여 수많은 일들을 해결하는 1980년대 미국 드라마의 캐릭터) 같은 요소를 원했으므로 플레이어들은 자원들을 연마하고 그것들을 조합해 무언가 만들어야만 하죠. 돛 조각들을 모아 나무를 충분히 자르면 쉼터를 만들 수 있습니다. 우리는 먼저 가공 시스템을 도입하고 대부분의 시간을 어떤 것을 만들기 위해 무엇이 필요한지에 대해 생각하면서 보냈습니다. 그것이 논리적이기를 원했어요. 아이템들을 보면, 주어진 아이템들로 그럴싸한 것들을 만들어낼 수가 있죠.

개발 기간 동안 게임에 어떤 그래픽 스타일이 가장 잘 어울릴지를 생각하고 있을 때에 우리는 쿼터뷰(대각선 방향에서 바라보는 시점)로 진행하기로 결정했습니다. 누군가 그 게임이 파퓰러스(Populous)나 메갈로마니아(Megalomania) 같은 갓 게임(God game, 심 시티 류의 플레이어가 신과 같은 존재인 게임)처럼 보인다고 말했어요. 그 게임들에는 명령할 수 있는 하인들이 있죠. 그런 뷰를 가진 게임들이 갓 게임이었고 우리는 우리의 게임에서 플레이어를 정의하기 위해 고군분투 중이었기 때문에 누군가는 플레이어가 섬의 신이라고 생각했었어요. 우리는 그 아이디어가 마음에 들었지만 곧 좋은 신과 악마에 대해 고민하기 시작했죠. 플레이어가 악의적으로 돌아설 수도 있으니까요. 플레이어는 피묻은 벽과 더러운 장식품 같은 것들을 만들어 얼마나 자신이 사악한지를 보여줄 수도 있죠.

잘못된 방향으로 가고 있다는 것을 보여주는 방법은 게임에 대해 빠르고 간단하게 요약을 해보는 것입니다. 그것을 할 수 없다면 잘못된 방향으로 가고 있는 것이죠. 이 게임은 무인도에 갇혀있는 사람들을 통솔하는 게임입니다. 그리고 그들은 기술을 동원해 살아야 하죠. 그러나 플레이어는 실제로 섬의 신이고 그가 착한지 나쁜지에 따라 섬은 바뀌죠. 그리고 그의 과제는 살아남는 것입니다. 그리고 강한 신이 되는 거죠. 그것은 갓 게임입니다. 아니 그것은 생존 기술 게임이에요! 누구도 집중의 부족이 그 게임을 죽인다는 것을 깨닫지 못하는 거예요.

일까 파아나넨의 말처럼 아니라고 말할 수 있는 것과 집중하는 것은 매우 중요합니다. 물론 그는 다른 선택지와 기회를 가진 회사의 CEO로서 말하는 것이지만 게임 기획에도 똑같은 원칙이 적용될 수 있어요. 집중해야 할 것에 대해 생각해야 합니다. 앞서 정의했던 기획 원칙에 게임을 적용시키는 것이 중요해요. 바위처럼 단단한 토대를 마련해놓으면 방향을 잃는 일은 어려워지고 어느 방향으로 선회해야 할지를 결정해야 하는 상황이 닥쳤을 때 그 토대가 올바른 선택을 하는 데에 도움이 됩니다. 비전이나 리더도 똑같은 일을 하죠.

저에게 있어 게임 기획 원칙은 게임마다 달라요. 조금 나중에 정의하는 것이 더 쉬울 수도 있지만 시작점은 게임의 핵심 루프입니다. 우리의 게임을 만들어내는 요소, 반복해야 할 것들 그리고 50시간 동안 플레이한 이후에도 그것들을 재미있게 만들만한 요소들을 찾아내야 하죠. 그 이후에도 플레이어가 게임이 여전히 신선하다고 느끼는 것을 확신할 수 있게 되는 것은 어려운 작업일 수 있어요.

무엇이 좋은 게임 기획자를 만드는가

게임을 기획할 때에는 많은 함정과 막다른 골목을 마주하게 됩니다. 주니어 기획자들은 종종 막다른 골목에서 더 깊이 들어간 뒤 출구를 찾으면서 더 작은 구석으로 자신을 몰아넣습니다. 시니어 기획자들은 멀리 떨어진 곳에서부터 함정과 막다른 길을 감지하는 방법을 알고 있죠. 그리고 결국 함정에 빠진다고 해도 그리 오래 머물지는 않아요.

쉬운 프로젝트는 없습니다. 하지만 경험적으로 특정 유형의 게임에서 발생할 수 있는 문제를 발견할 수는 있습니다. 그 과정에서 마음속으로 노트를 작성해보는 것도 많은 도움이 되죠. 저는 그것이 우리를 더 나아가게 할 부분들을 만들어내는 데에 도움을 줄 것이라고 굳게 믿습니다.
핀란드 바깥에서는 조금 다르다는 것을 덧붙여야 하겠군요. 미국에서는 이곳보다 프로젝트의 규모가 훨씬 큽니다. 미국에서는 한 프로젝트에 6명의 기획자가 투입되는 것이 이상할 것도 없는 반면 그정도의 기획자가 투입된 핀란드의 게임을 하나 찾는 것도 어렵죠. 좋아요. 그곳에는 한 개의 프로젝트에 더 많은 기획자가 있을 수 있지만 일반적으로 그들의 역할은 중복되지 않습니다. 일부 기획자는 게임 플레이를, 일부는 UI를, 또 일부는 게임 내의 경제 같은 것들을 설계하죠. 그렇지만 많은 기획자들이 유사한 작업을 수행할 수도 있어요.

기획자로서 특히 리더로서는 뒤로 물러서서 더 큰 그림을 보는 것이 중요합니다. 팀 멤버들은 그들의 업무에 치중하고 있기에 나무로부터 숲을 보는 것은 조금 어려울 수 있어요. 누군가는 할 수 있고 누군가는 할 수 없겠죠. 조금 더 시니어에 가까운 사람들이 더 나을 거예요. 경험에서 배운 것이 있으니까요.

완성작과 사랑에 빠지지 않는 것도 중요합니다. 물론 때때로 스스로가 한 일이 훌륭하다는 것을 이해해야 하지만 게임을 위해서는 좋지 않습니다. 그것은 지나친 복잡함을 초래할 수 있으며 의도된 흐름으로부터 게임을 멀어지게 만들 수도 있죠.

사람들은 절대 기획 문서를 읽지 않습니다. 요즘에는 그들이 누군가에게 언급되지도 않는 것 같아 보여요. 10년 전, 기획 문서들은 주로 퍼블리셔들을 위한 것이었고 스튜디오 내에서는 아무도 읽지 않았습니다. 그것들은 단지 필요한 산출물들의 일부였을 뿐이죠. 그러나 여전히 우리의 아이디어를 전달할 수 있는 방법이 필요합니다. 파워포인트를 사용해 시각화할 수 있지만 아이디어를 내어놓기 위해서는 도구가 필요하죠. 핀란드의 기획자들은 일반적으로 다재다능하며 다양한 역할을 가지고 있어요. 아마도 프로그래밍을 할 줄 모를 테지만 엑셀 같은 것을 사용해 게임 내의 경제 시스템을 시뮬레이션 할 수 있다면 좋을 겁니다. 혹은 사용자 인터페이스가 동작하는 방법이나 사용자 경험이 어떻게 이루어지는지를 볼 수 있는 감각을 가진다면 도움이 되겠죠.

그리고 많은 게임을 플레이해보세요. 비디오게임뿐만 아니라 테이블탑 롤플레잉 게임들이나 보드게임 같은 것들도요. 그러나 과거에 얽매이려 하면 안 됩니다. 게임들은 바뀌어가고 플레이어들도 마찬가지죠. 새로운 세대의 플레이어들은 과거의 것과 함께 과도한 짐을 가지고 몰려오지 않습니다.

보드게임 기획 중 제가 항상 즐겨 보는 것은 테이블 주위의 플레이어들이 자신의 차례가 아닐 때 게임을 즐기는 방법입니다. 그 때에도 할 가치가 있는 일이 있는지 아니면 그저 앉아서 손가락만 빨고 있는지 같은 것들 말이죠. 그것은 플레이하고 있는 상대가 게임 테이블에 있는 상대와 비슷한 페이스북 게임 같은 경우에 필수적이죠. 그런 사회적 관점은 모바일 게임에서도 중요합니다. 소셜 게임은 친구들과 함께 플레이하는 것 같은 느낌을 주거든요. 유대감이 아주 강해질 수 있는 거예요. 그것을 게임에서 이용할 수 있다면 매우 좋을 겁니다.

추가적으로 비난에 동요하지 말아야 할 필요도 있습니다. CEO의 직무는 게임 기획자의 직무와 비슷하다고 합니다. 사람들은 게임을 더 잘 만들 수 있는 방법에 대해 많은 아이디어들을 가지고 있죠. 수많은 비난을 감수하기 위해서는 얼굴이 두꺼울 필요도 있습니다. 그리고 그 비난의 진짜 이유를 파악할 수 있어야 해요. 모든 피드백이 실제로 잘못된 것을 수정하는 것과 관련 있지는 않을 수도 있습니다. 그저 징후일 뿐일 수도 있죠. 길게 보고 진짜 문제가 무엇인지를 파악해야 합니다. 좋은 게임은 그 모든 거친 가장자리가 다듬어져 있어요. 좋은 기획자들은 그저 기분 좋게 일할 뿐이에요.

슈퍼 마리오 오디세이가 그런 게임의 좋은 예죠. 저는 마리오의 광팬이었던 적은 없습니다. 몇몇 게임들을 플레이하기는 했지만 그것들 중 일부를 놓쳤다고 해도 그다지 끔찍하지는 않아요. 그러나 슈퍼 마리오 오디세이를 플레이했을 때, 마리오가 어떻게 움직이는지를 알아내기 위해 뛰어다니는 제 모습을 발견했습니다. 내리막길을 달리면 속도가 내리막길에 맞게 바뀌면서 자세 또한 그에 맞게 바뀌죠. 우리는 지난 30년간 마리오가 뛰어다니는 모습을 보았지만 슈퍼 마리오 오디세이에서는 정말로 대단하다고 느껴집니다. 캐릭터가 걷고 뛰고 들여다보고 점프하고 쭈그려 앉는 수백만 가지 게임들과 슈퍼 마리오 오디세이의 차이점은 아주 커요. 어떤 사람들은 이미 게임에서 뛰어다니는 것을 충분히 봤다고 생각할 수도 있죠.

슈퍼 마리오 오디세이에서 닌텐도의 개발자들은 마리오가 달릴 때 어떻게 보여지고 느껴지는

° EACH DAY, NINJA RECEIVE
° EACH TASK DONE GIVES
° AT THE END OF THE WE
ARE GIVEN BASED ON S
THE WEEK
° AT THE END OF THE MONT
PRIZES ARE GIVEN BA
PERFORMANCE

WEEKLY?

WEEK
⭐⭐⭐
⭐⭐

NINJA DA
GREA

PUNCHBAGGERY

OUR MODE
A TRIES TO
W YOUR ROUTE
S IT'S OWN CHOKES

TAKE A
PICTURE DURING
TRAINING?

SPECIAL

Clumsy Ninja sketches (c) Reko Ukko

지에 대해 아주 많은 주의를 기울였습니다. 세세한 부분에 올바르게 주의를 기울임으로써 달성할 수 있는 것을 보여주죠. 몇몇 다른 회사에서는 세세한 부분들을 연마하기 위한 전문적인 기획자와 아티스트, 애니메이터, 프로그래머가 없을 수도 있습니다. 결국 프로듀서가 찾아와서는 이것이 어떻게 동작하기를 원하는지 알고 있지만 우리에게는 그렇게 할만한 시간이 없고 그것이 게임의 필수 요소는 아니라고 말하겠죠.

그러나 그 세세함이 전체 게임이 궁극적으로 어떻게 느껴지는지에 대해서는 큰 의미를 가질 수도 있습니다. 그런 것들은 무언가가 컨트롤에 대해 반응하는 것에 관해 아주 세세하게 파고 들어가죠. 아주 많은 1인칭 슈팅 게임과 런닝 게임이 있지만 그중 몇몇만이 그 분류의 최고라고 여겨지며, 그 이유는 아주 세세한 단위의 피드백이 완벽한 조합으로 동작하기 때문입니다.

저는 종종 주니어 기획자들이 불가능한 것을 시도하는 것을 목격합니다. 무엇을 완료하는 데에 3개월이 주어집니다. 일정 상 그 무언가는 문명이나 유로파 유니버설리스 같은 것은 될 수 없죠. 그것은 할 수 없어요. 시도해볼 수는 있겠지만 왠만해서는 문제의 복잡성을 상상할 수도 없을 겁니다. 나무를 보지만 숲은 못 보는 거죠. 특히 학생들에게는 매번 완성되지 못한 여러 개의 큰 프로젝트보다 한 번의 작은 프로젝트를 완성하는 것이 아주 중요해요. 완성되지 못한 프로젝트가 있다면, 왜 완성하지 못했는지 이유를 찾아 스스로가 했던 것들을 비판하고 강점과 약점을 찾아 궁극적으로 그것들로부터 배우는 과정을 빠트려서는 안 됩니다.

저도 학생 과정을 거쳤고 매번 학생들에게 말했습니다. 경험적인 규칙들, 이것과 저것을 취하고 여기에서 그것은 잊어라 등 수많은 것들을 이야기해줄 수 있어요. 제가 말한 것들 중 둘 내지 셋 정도는 배울 수 있을 테지만 대부분의 것들은 그 자리에서 바로 잊어버릴 거예요. 그들은 스스로 익혀야 합니다. 그들이 배울 수 없다고 말하는 것이 아니라 몇몇 것들은 이해하기 어렵습니다. 하지만 원하는 대로 하고 싶어하는 의지가 매우 강하죠. 경험과 시간 그리고 자원 등의 부족으로 그것이 얼마나 어려운 일인지를 모를지라도 말이에요. 다시 말하지만 초점의 문제예요. 모든 프로젝트의 시작 시점에는 대부분의 것들이 베일에 싸여 있습니다. 숙련된 사람들은 그에 대해 더 많이 알고 있을 뿐이죠.

게임

제가 좋아하는 게임들은 아주 많습니다. 그렇지만 하나를 꼽아 보자면, 마치 제가 그들의 일원이었던 것처럼 그 개발 과정을 지켜보았던 루카스 아츠(LucasArts)의 어드벤처 게임이에요. 그 모든 설정이 흥미롭다고 생각합니다. 조지 루카스는 그들의 지적 재산이 게임 형태로 만들어진다면 아주 멋질 거라고 생각하기 시작했죠. 그들에게는 이미 루카스 필름이 있었고 루카스 아츠를 설립해 사람들을 고용하기 시작했어요. 저는 정말로 그것을 모두 보고 싶었어요. 그리고 어드벤처 게임의 퍼즐은 순수하게 논리적이지는 않아요. 기획자의 논리를 따라야 하는 때가 자주 있죠. 그 자체로도 매우 흥미로운 주제였어요.

그리고 스톰(Storm)의 데이어스 엑스(Deus Ex, 1인칭 슈팅 게임)가 있습니다. 이 게임은 플레이어로 하여금 다른 방법으로 문제를 해결할 수 있는 기회를 제공한 첫 번째 게임이었어요. 항상 총을 쏴버릴 필요는 없는 거죠. 저는 워렌 스펙터(Warren Spector)가 그것을 다루는 방법이 매우 좋았어요. 플레이어에게는 선택지가 있지만 모든 선택지가 항상 좋은 것이라고 말하는 건 아닙니다. 선택의 자유가 제공되고 플레이어가 상호작용할 수 있는 여러 가지의 길이 있다는 건 제게 있어서는 대단한 일이었죠.

저는 요즘의 게임에서 보이는 요소들이 있는 게임 프로젝트에 참여하고 싶었어요. 한 가지 더 예를 들면 크리스 크로퍼드(Chris Crawford)의 밸런스 오브 파워(Balance of Power)입니다. 그것은 1980년대에 나왔어요. 제 추측에는 코모도어 64 용입니다. 그것은 다른 플랫폼으로 아주 잘 이식되었죠. 제가 어린애였던 시절에 게임은 어린이들을 겨냥했죠. 그러나 제가 처음으로 게임을 플레이했을 때 저는 냉전에 대해 배웠습니다. 그 전에는 냉전(Cold War)이 어떤 날씨와 관련된 시스템인가 생각했었어요. 꽤 끔찍하게 들리죠. 그 게임 속에서는 플레이어가 미합중국을 플레이할지 소비에트 연방을 플레이할지를 선택합니다. 저는 물론 나라는 알고 있었어요. 그렇지만 이념적인 차이점은 몰랐죠.

그 게임은 민주주의 또는 공산주의를 확산시키는 게임이었어요. 예를 들면 그것은 남미의 어떤 테러리스트 단체에 자금을 조달한다는 의미가 될 수도 있죠. 게임 진행을 위해서 말이에요. 그 게임에 전쟁 자체는 없었지만 민주주의나 공산주의를 너무 적극적으로 밀면 전투 준비 태세는 한단계 올라갑니다. 그리고 전투 준비 태세가 1단계가 되면 핵미사일을 발사하죠. 그리고 게임은 플레이어가 예기치 않은 핵 전쟁을 일으켰다고 말합니다. 그렇다고 버섯구름이나 신체 일부가 날아가는 애니메이션을 그래픽으로 보여주지는 않아요. 실패에는 보상을 해주지 않는 것이죠.

저는 게임이 플레이어에게 미합중국과 소비에트 연방이 대리전과 그림자에 빠져있는 세계에서 무슨 일이 일어나는지, 무슨 일이 일어날 수 있는지를 말해준다는 것을 깨달았어요. 게임이 그저 어린애들만을 위한 것이 아니라는 걸 이해하게 되었던 거죠. 게임을 통해 의미있는 것을을 말할 수 있어요. 요즘 우리는 "논문 하나 써봐" 하면 우르르 몰려 논문을 작성하는 식의 게임을 하고 있지만요.

매우 중대한 것을 발견했어요. 그것을 할 수 있는 것이 책과 영화 뿐만은 아니에요. 게임도 똑같은 것을 달성합니다. 게임도 더 많은 시간을 배움에 투자하도록 동기를 부여할 수 있는 거죠. 아마 우리 모두가 그 이전에는 친숙하지 않았을테죠.

근래에는 게임을 하는 핀란드 의회 의원들도 있습니다. 그런 시대에 살고 있는 것이죠. 그리고 적어도 저에게는 게임이 시야를 넓혀주는 장치로 작용하는 경우가 많습니다. 요즘은 17세기의 육두구(육두구 나무의 열매로 양념·향미료로 쓰임) 무역에 관한 책을 읽고 있어요. 당시의 사람들은 그것이 만병통치약이라고 생각해 금이나 다이아몬드보다 더 귀했죠. 육두구는 필리핀에 가까운 한 작은 섬에서만 발견할 수 있었고 모두가 그것을 얻기를 원했었어요. 그 사실로부터 RPG 게임 아이디어가 번뜩였어요. 주제로 돌아가서, 의회의 의원들에게도 동일한 작용을 일어날 수 있다면 좋겠어요. 그들이, 그들의 결정이 전체에게 미치는 영향을 이해할 수 있도록 만들어줄만한 게임을 플레이해보기를 바랍니다.

핸리 키신저(Henry Kissinger, 전 미국의 국무장관)가 가장 좋아하는 게임은 디플로머시(Diplomacy)라는 이야기가 있습니다. 그것은 거짓에 가까워요. 디플로머시는 행운이 필요하지 않은 게임입니다. 일곱 개의 나라를 이끄는 일곱 사람이 있고, 여러분은 다른 플레이어와 함께 방을 나가서 "나는 터키를 공격할테니 지원을 해줘"라고 요구할 수 있습니다. 그들은 여러분이 터키를 차지하는 것을 도울 수 있습니다. 혹은 여러분의 등을 칠 수도 있죠. 그렇게 된다면 터키가 승리하게 될 겁니다. 여러분은 패배할테죠. 다음 턴부터는 다른 플레이어들이 하는 말을 믿을 수가 없을 거예요. 이 게임은 실제로 정치와 비슷하기 때문에 만약 키신저가 그 게임을 플레이해본 적이 있다면 좋아할 것 같다는 생각이 듭니다. 게임은 세상이 어떻게 돌아가고 있는지를 알도록 도와줄 수 있어요. 게임은 인생과 닮았거든요.

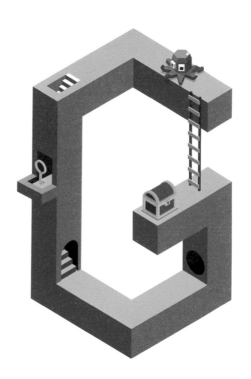

용어집

AAA(Triple A)
대규모 개발팀 혹은 게임 스튜디오와 함께 예산을 많이 투입해 개발되는 게임. AAA 게임들은 일반적으로 멀티플랫폼을 지원하며, 많은 마케팅 예산을 가지고 있고 100만 장 이상의 판매가 계획되어 있다.

알파/알파 릴리즈
게임의 불완전한 버전. 알파 버전은 일반적으로 개발 과정 초기에 내부적으로 프로토타입 컨셉이나 중요한 기능들을 테스트하기 위해 배포한다.

컷신
게임에서 스토리의 세부 내용을 설명하기 위해서만 존재하는 부분. 줄거리를 진행하기 위해서

MMO나 RPG 이외에도 다양한 장르에서 널리 사용된다.

DLC(Downloadable content : 다운로드 가능한 컨텐츠)
다운로드를 통해 받는 비디오 게임의 추가적인 컨텐츠. 추가적인 캐릭터나 스킬, 혹은 새 스테이지나 스토리 등이 될 수도 있다.

창발적 내러티브(narrative)
어떤 게임들은 사전에 계획된 이야기를 가지고 있지 않다. 심즈에서는 이야기가 플레이어의 행동으로부터 만들어진다. 그러나 플레이어가 많은 통제권을 가지고 있기 때문에 많은 플레이어들은 이야기를 통해 상호작용하기보다는 더 많은 이야기를 만들어낸다. 창발적 내러티브는 플

레이어에 의해 부분적으로만 만들어진다. 데이어스 엑스의 기획자인 워렌 스펙터는 창발적 내러티브가 선형적 스토리텔링의 정서적 영향이 부족하다고 말했다. 레프트 4 데드는 게임의 연출, 완급, 난이도에 사용할 수 있는 디렉터라는 동적 시스템을 갖추고 있다. 디렉터가 동작하는 방법은 "절차적 서술"이라고 불리우는데, 일정한 수준으로 레벨이 증가하는 난이도 시스템 대신에 인공지능이 유저가 플레이한 내용들을 분석해 그들에게 이야기의 느낌을 주는 후속 이벤트들을 추가한다.

FPS(First Person Shooter : 1인칭 슈팅)
비디오 게임의 한 장르. 플레이어가 1인칭 관점을 경험할 수 있으며, 기본적인 메커닉은 총이나 다른 원거리 무기를 사용해 적을 타도하는 것이다.

F2P(Free-to-play : 부분 유료화)
물리적이든, 디지털적이든 플레이하기 위해서 소매업자로부터 구매할 필요가 없는 게임. 스마트폰 앱들에 널리 퍼져 있으며 부분 유료화 게임들은 게임 내의 마켓을 통해 게임 플레이를 확장하는 것들을 구매할 수 있도록 제공한다(부분 유료화 게임들은 프리미엄-freemium-과 같은 비즈니스 모델을 따른다).

MMO(Massively multiplayer online game)
온라인 세계에서 공존하는 수많은 플레이어들이 서로 경쟁하거나 협력하는 게임.

MMORPG(Massively multiplayer online role-playing game)
MMO에 신통적인 RPG 게임 메기닉을 통합시킨 게임. 에버퀘스트나 다크 에이지 오브 카멜

롯 같은 고전 게임들은 이러한 장르의 창시자이다. 가장 잘 알려지고 유명한 게임으로는 블리자드 엔터테인먼트의 월드 오브 워크래프트가 있다.

NPC(Non-playable characters)
컴퓨터가 컨트롤하는 캐릭터. 즉, 플레이어에 의해 컨트롤되지 않는다.

RPG(Role-playing video game)
플레이어가 게임 상의 특정 캐릭터 "클래스" 역할을 맡아 그 캐릭터의 능력과 기술을 향상시켜가는 게임. RPG 캐릭터들은 일반적으로 사용할 수 있는 다양한 기술과 능력을 가지고 있으며, 많은 Theorycrafting(게임 메커닉을 분석해 이론적으로 게임 내의 잠재력을 최대한 끌어올려 캐릭터를 개발하는 행위)이 각각의 캐릭터 클래스의 가능한 최상의 형태를 만드는 것과 관련되어 있다. 플레이어 게임의 캐릭터가 표준화되어 있고 플레이어의 실제 스킬이 게임의 성공이나 실패를 결정하게 되는 FPS 같은 게임과는 다르다. RPG에서는 플레이어가 게임 세계의 베스트 플레이어가 될 수 있지만 만일 수준 이하의 빌드를 사용한다면 최적의 빌드를 사용하는 하위 플레이어들에게 크게 당할 수도 있다.

Index